HERODOT

Die Bücher der Geschichte
V–VI

(AUSWAHL)

ÜBERTRAGUNG, EINLEITUNG
UND ANMERKUNGEN VON
WALTHER SONTHEIMER

PHILIPP RECLAM JUN. STUTTGART

Originaltitel: ΙΣΤΟΡΙΗΣ ΑΠΟΔΕΞΙΣ

Universal-Bibliothek Nr. 2204

Gesamtherstellung: Reclam, Ditzingen. Printed in Germany 1981
ISBN 3-15-002204-5

Fünftes Buch

Die Perser unterwerfen unter dem Feldherrn Megabazos in Europa die Länder und Inseln am Nordrand des Ägäischen Meeres (Thrakien und Makedonien)

(1) Die in Europa von Dareios zurückgelassenen Truppen der Perser unterwarfen unter der Führung des Megabazos die Perinthier[1] am Hellespont, die nicht gewillt waren, Untertanen des Dareios zu sein, und früher schon auch von den Paionern[2] schwer heimgesucht worden waren. Die Paioner, die am Strymon ihre Wohnsitze haben, hatten von dem Gott einen Orakelspruch erhalten, sie sollten gegen die Perinthier zu Felde ziehen ... Die Perinthier wurden von den Paionern angegriffen, und jene errangen einen so völligen Sieg, daß sie nur wenige Paioner übrigließen.
(2) So spielten sich die früheren Geschehnisse seitens der Paioner ab. Jetzt aber erwiesen sich die Perinthier zwar im Kampf um die Freiheit als tapfere Männer, die zahlenmäßige Übermacht der Perser unter Megabazos aber brachte es mit sich, daß sie überwältigt wurden. Als Perinthos bezwungen worden war, führte Megabazos sein Heer durch Thrakien und unterwarf jede Stadt und jeden Volksstamm, der dort wohnte, dem Großkönig. So hatte nämlich der Auftrag des Dareios gelautet: Unterwerfung von Thrakien.
(3) Der thrakische Volksstamm ist nach den Indern[3] der größte der gesamten Menschheit. Stünde er unter der Herrschaft eines einzigen und hätte er eine einheitliche Gesinnung, wäre er wohl (nach meiner Meinung) unbesiegbar und der weitaus mächtigste von allen Völkern. Aber es ist unmöglich und unerreichbar, daß ihm diese Stellung je einmal zuteil wird. Darin liegt also die Schwäche dieses Volksstammes. Sie haben viele Namen, jede Landschaft ihren besonderen. Jedoch sind die Sitten bei allen durchweg ähnlich, wobei allerdings die Geten und Trausen und die im Norden wohnenden Krestonaier eine Ausnahme machen.
(4) Dabei habe ich von dem Tun und Treiben der Geten[4], die

an die Unsterblichkeit glauben, bereits berichtet.[5] Was die Trausen[6] anbelangt, so stimmt ihr Tun ganz mit dem der übrigen Thraker überein, nur bei dem Neugeborenen und dem Gestorbenen liegt folgende Handlungsweise vor: Um den Neugeborenen sitzen die Angehörigen herum und ergehen sich in Jammern, daß dieser, seitdem er nun geboren ist, Schlimmes durchmachen müsse, wobei sie alle die menschlichen Leiden aufzählen. Den Toten aber begraben sie unter fröhlichem Scherzen und heben dabei hervor, von wieviel Ungemach er jetzt befreit sei und wie wohl es ihm jetzt in jeder Beziehung ergehe.

(5) Die Krestonaier[7] im Norden tun folgendes: Jeder hat eine Vielzahl von Frauen. Wenn nun ein Mann stirbt, kommt es zu einem harten Streit unter den Frauen – und dabei ereifern sich auch die Freunde heftig über die Frage –, welche von den Frauen am meisten von ihrem Manne geliebt worden ist. Auf welche die Entscheidung fällt, dieser Ehre gewürdigt zu werden, die wird von den Männern und Frauen gepriesen und zu dem Grabe geführt, wo sie von ihrem nächsten Verwandten geopfert wird. Hernach wird sie zusammen mit ihrem Manne begraben.[8] Die andern betrachten aber die Zurücksetzung als ein großes Unglück. Denn dies ist der schlimmste Schimpf, der ihnen angetan wird.

(6) Bei den übrigen Thrakern herrscht folgende Sitte: Sie verkaufen ihre Kinder als Ausfuhrware. Ihre Jungfrauen behüten sie nicht, sondern sie lassen sie nach ihrem Belieben mit jedem Manne verkehren. Auf ihre Frauen aber geben sie scharf acht und kaufen sie von den Eltern um viel Geld. Tätowiert zu sein gilt als Zeichen edler Abkunft, nicht tätowiert zu sein als solches unedler Abkunft. Ein Müßiggänger zu sein bringt den größten Ruhm, aber das Land zu bebauen die geringste Wertschätzung, vom Krieg und Raub zu leben ist das herrlichste. Dies sind ihre hervorstechendsten Sitten.

(7) An Göttern verehren sie nur folgende: Ares, Dionysos und Artemis. Ihre Könige verehren, abweichend von der

übrigen Bevölkerung, am höchsten von den Göttern den Hermes. Sie schwören allein bei diesem und führen auch auf ihn ihre Abstammung zurück. Für die Wohlhabenden unter ihnen verlaufen die Bestattungen folgendermaßen: Drei Tage stellen sie den Toten aus.

(8) Sie schlachten allerlei Opfertiere und halten einen Schmaus, nachdem sie zuvor den Toten beweint haben. Darauf findet die Beisetzung statt, entweder durch Verbrennen oder durch Begräbnis. Sie schütten einen Grabhügel auf und veranstalten allerlei Kampfspiele, wobei die Höhe der Kampfpreise je nach der Schwierigkeit des Einzelkampfes festgesetzt wird. Dies sind die Begräbnissitten der Thraker.

(9) Was das noch weiter nördlich von diesem Lande gelegene Gebiet betrifft, so kann niemand genau sagen, was dies für Menschen sind, die es bewohnen. Aber das Land gleich jenseits des Istros scheint menschenleer und von unermeßlicher Ausdehnung zu sein. Nur von einem einzigen Volk kann ich erfahren, daß es jenseits des Istros seine Wohnsitze hat. Es soll den Namen Sigynner haben und medische Kleidung tragen. Ihre Pferde seien am ganzen Körper zottig, mit Haaren, die fünf Finger lang sind, klein, stumpfnasig und nicht fähig, einen Mann zu tragen; wenn sie jedoch am Wagen angespannt werden, seien sie sehr feurig. Daher fahren die Bewohner des Landes im Wagen. Die Grenzen ihres Landes sollen sich bis nahe zu den Enetern am Adriatischen Meer erstrecken. Sie behaupten, Abkömmlinge der Meder zu sein.[9] Daß sie aber wirklich Abkömmlinge der Meder sind, kann ich meinerseits nicht erkennen. Es dürfte sich aber in dem langen Zeitraum alles mögliche ereignet haben...

(10) Wie die Thraker behaupten, beherrschen Bienen[10] das Land jenseits des Istros, und unter ihrer Einwirkung sei es unmöglich, weiter binnenwärts durch das Land hindurchzukommen. Mir allerdings scheinen sie damit eine unwahrscheinliche Behauptung aufzustellen. Denn die dortigen Lebewesen sind offensichtlich gegen Kälte sehr empfindlich.

Vielmehr scheinen mir die Gebiete im Norden unbewohnt zu sein, und zwar wegen der dortigen Kälte. So viel wird also über dieses Land berichtet. Was nun von ihm am Meere gelegen ist, unterwarf Megabazos den Persern.

(11) Belohnung des Histiaios von Milet und des Koes von Mytilene durch den Perserkönig Dareios.

(12–15) Die Paioner werden nach Asien ausgesiedelt.

(16) Sitten der Stämme am Prasiassee.

(17–22) Persische Gesandte werden nach Makedonien geschickt.

Die Erhebung der Griechen in Kleinasien. Histiaios geht zum Großkönig nach Susa

(23) Megabazos gelangte mit den Paionern zum Hellespont. Er setzte von dort über und kam nach Sardes. Histiaios von Milet legte bereits in der Landschaft, die er auf seine Bitte von Dareios als Lohn für die Bewachung der Brücke erhalten hatte, eine Befestigung an. Der Ort liegt am Strymon und heißt Myrkinos.[11] Als nun Megabazos erfuhr, was von Histiaios ins Werk gesetzt wurde, sagte er, gleich nachdem er mit den Paionern nach Sardes gekommen war, zu Dareios folgendes: »König! Was hast du da angerichtet? Einem gewandten und schlauen Griechen hast du die Möglichkeit gegeben, eine Stadt in Thrakien zu erwerben, wo sich Holz in reichlicher Menge befindet, um Schiffe zu bauen und viele Ruder anzufertigen, wo Silberbergwerke sind und wo ringsum eine große Menge Hellenen und Barbaren wohnen. Wenn diese auch noch einen Fürsten bekommen, werden sie alles tun, was jener sie anweist bei Tag und bei Nacht. Lege du nun diesem Manne das Handwerk, damit du nicht in einen Krieg in deinem eigenen Lande verwickelt wirst. Bestelle ihn zu dir in freundlichem Tone und mache seinem Treiben ein Ende. Wenn du ihn dann in Händen hast, dann triff Maßnahmen, daß er niemals mehr zu den Hellenen kommt.«

(24) Mit diesen Worten suchte Megabazos, Dareios ohne besondere Mühe zu überreden, da er wohl voraussah, wie sich die Dinge weiterhin entwickeln würden. Darauf schickte Dareios einen Boten nach Myrkinos und ließ folgende Botschaft überbringen: »Wenn ich es mir näher überlege, finde ich, daß kein Mann es mit mir und meinem Reiche besser meint als du, und zwar ist mir diese Erkenntnis gekommen nicht auf Grund deiner Worte, sondern deiner Taten. Darum begib dich unter allen Umständen zu mir. Denn ich plane, wichtige Unternehmungen durchzuführen, die ich dir anvertrauen möchte.« Diesen Worten vertraute Histiaios, und da er zugleich es hoch anschlug, die Rolle des königlichen Ratgebers zu spielen, kam er nach Sardes. Nach seiner Ankunft sagte Dareios zu ihm folgendes: »Histiaios! Ich habe dich aus folgenden Gründen zu mir kommen lassen. Sowie ich von dem Skythenland heimgekehrt war und dich aus den Augen verloren hatte, war mir kein anderer Wunsch dringlicher, als dich zu sehen und mich mit dir auszusprechen. Ich habe erkannt, daß von allen Gütern das wertvollste ein Freund ist, der verständig und wohlgesinnt ist. Ich weiß ja von dir, daß du mit diesen beiden Eigenschaften im Hinblick auf meine Herrschaft Zeugnis ablegst. Du hast wohl daran getan, daß du gekommen bist, und ich mache dir jetzt folgenden Vorschlag: Verzichte auf Milet und auf die neugegründete Stadt in Thrakien und komme mit mir nach Susa. Alles, was ich habe, teile mit mir und sei mein Tischgenosse[12] und Ratgeber!«
(25) Dies sagte Dareios. Er setzte den Artaphernes, seinen Stiefbruder, als Statthalter von Sardes ein, nahm den Histiaios nach Susa mit und machte Otanes zum Befehlshaber der Truppen an der Meeresküste. Dessen Vater Sisamnes, der ein Mitglied des königlichen Gerichtshofes geworden war, hatte der König Kambyses, weil er durch Bestechung sich zu einem ungerechten Urteil herbeigelassen hatte, umbringen und ihm die ganze Haut abziehen lassen. Daraus hatte er Riemen schneiden und mit diesen seinen

Sessel bespannen lassen, auf dem er zu Gericht zu sitzen pflegte. Darauf hatte Kambyses anstelle des Sisamnes, den er hatte töten und abhäuten lassen, dessen Sohn zum Richter bestimmt und ihm aufgetragen, sich daran zu erinnern, auf welchem Sessel er als Richter sitze.

(26) Dieser Otanes nun, der auf diesem Sessel saß, wurde jetzt der Nachfolger des Megabazos im Feldherrnamt. Er eroberte Byzantion und Kalchedon, er eroberte Antandros in dem troischen Land, er eroberte Lamponion.[13] Er bekam von den Lesbiern Schiffe und eroberte Lemnos und Imbros, die beide damals noch von Pelasgern besiedelt waren.[14]

(27) Die Lemnier kämpften tapfer und wurden erst nach langer Gegenwehr überwältigt. Den Überlebenden von ihnen gaben die Perser als Statthalter den Lykaretos, einen Bruder des Maiandrios, der König von Samos gewesen war. Dieser Lykaretos starb in Lemnos während seiner Regierungszeit...[15] Schuld daran war folgendes: Otanes machte alle zu Sklaven und unterwarf sie, wobei er den einen zum Vorwurf machte, sie hätten sich geweigert, gegen die Skythen zu Felde zu ziehen, den andern, sie hätten das Heer des Dareios bei seinem Rückzug aus dem Skythenland räuberisch überfallen.

(28) Dies waren also seine Leistungen, nachdem er sein Feldherrnamt übernommen hatte. Diese Zeit der Not dauerte nicht lange, und man konnte sich von ihr erholen. Da begann zum zweiten Mal sich Unheil für die Ioner zu erheben, das von Naxos und Milet seinen Ausgang nahm. Denn einerseits ragte Naxos an Wohlhabenheit unter den Inseln hervor, zum andern stand damals Milet selbst in seiner höchsten Blüte, ja war sogar die Zierde von Ionien, während es zuvor zwei Menschenalter lang in höchstem Maße unter der inneren Zwietracht gelitten hatte, bis die Parier in der Stadt die Ordnung wieder herstellten. Denn diese hatten die Milesier unter allen Hellenen zu Schiedsrichtern erwählt...

Das Unternehmen des Aristagoras gegen Samos

(30) Mit dem Unheil, das sich, von diesen Städten ausgehend, gegen Ionien erhob, hatte es folgende Bewandtnis: Aus Naxos wurden einige Männer, die zu der wohlhabenden Schicht gehörten, von dem Volk[16] vertrieben und kamen auf solche Weise nach Milet. In Milet war damals gerade Aristagoras Statthalter. Er war der Sohn des Molpagoras, der Schwiegersohn und Vetter des Histiaios, des Sohnes des Lysagoras, den Dareios in Susa festhielt. Denn Histiaios war Tyrann von Milet und war gerade zu der Zeit, da die Naxier kamen, die von früher her Gastfreunde des Histiaios waren, in Susa. Nach ihrer Ankunft in Milet baten sie den Aristagoras, ob er ihnen nicht irgendeine Heeresmacht zur Verfügung stellen würde, damit sie in ihre Heimat zurückkehren könnten. Er überlegte bei sich, wie er, wenn diese ihre Heimkehr durch seine Vermittlung bewerkstelligen würden, die Herrschaft über Naxos gewönne. Er nahm seine Gastfreundschaft mit Histiaios zum Vorwand[17] und hielt an sie folgende Ansprache: »Ich selbst kann euch nicht verbürgen, euch eine so starke Streitmacht zur Verfügung zu stellen, die imstande wäre, euch gegen den Willen der die Stadt beherrschenden Naxier heimzuführen. Denn, wie ich erfahre, verfügen die Naxier über achttausend Schilde und über viele Kriegsschiffe. Ich will aber die Sache in die Hand nehmen und mich ganz für sie einsetzen. Ich habe folgenden Plan: Artaphernes ist mein Freund, und Artaphernes ist der Sohn des Hystaspes sowie ein Bruder des Königs Dareios. Er herrscht über die gesamten Küstenbewohner von Asien und besitzt ein zahlreiches Heer und viele Schiffe. Dieser Mann nun wird, wie ich glaube, alles tun, was wir wünschen.« Als die Naxier dies hörten, trugen sie dem Aristagoras auf, nach bestem Vermögen zu handeln, und forderten ihn auf, Geschenke zu versprechen und den Aufwand für das Heer, für den sie selbst aufkommen würden. Sie hegten dabei die bestimmte Hoffnung, wenn sie vor Naxos auftauchten, würden die Naxier allen ihren Befehlen nachkom-

men und die übrigen Inselbewohner sich ihnen anschließen. Denn von diesen Kykladeninseln war noch keine dem Dareios untertan.

(31) Als Aristagoras nach Sardes kam, sagte er zu Artaphernes, Naxos sei zwar hinsichtlich ihres Umfangs keine große, aber eine sonst schöne und fruchtbare Insel, die in der Nähe von Ionien liege, und dort gebe es viel Geld sowie Sklaven. »Ziehe also gegen dieses Land zu Felde und führe die von dort Verbannten in ihre Heimat zurück. Und wenn du dies tust, so stehen dir einmal von meiner Seite reichliche Geldmittel zur Verfügung, abgesehen von den Kosten, die der Unterhalt des Heeres erfordert (zu deren Beisteuer sind wir ja als die Führer der Unternehmung verpflichtet), zum andern wirst du Inseln dem Großkönig hinzuerwerben, und zwar Naxos selbst und die von Naxos abhängigen Inseln, Paros und Andros, und andere, die Kykladen genannt werden. Hast du diesen Ausgangspunkt, wird es dir ein leichtes sein, Euboia anzugreifen, eine große, wohlhabende Insel, die nicht kleiner als Kypros ist und ohne Mühe eingenommen werden kann. Es genügen hundert Schiffe, um alle diese Inseln zu unterwerfen.«

Er gab ihm folgende Antwort: »Du erweisest dich gegenüber dem Haus des Großkönigs als ein Wegweiser zu vortrefflichen Taten, und was du da rätst, ist alles ausgezeichnet. Nur mit der Zahl der Schiffe stimmt es nicht. Anstatt hundert werden dir zweihundert zur Verfügung stehen, sobald es Frühling ist. Dazu muß aber der Großkönig selbst seine Zustimmung geben.«

(32) Als nun Aristagoras dies hörte, freute er sich über die Maßen und reiste nach Milet. Artaphernes aber sandte nach Susa, legte die Vorschläge des Aristagoras vor, und als Dareios selbst sich mit ihnen einverstanden erklärte, rüstete er zweihundert Dreiruderer aus, stellte einen sehr großen Heerhaufen von Persern und auch Bundesgenossen auf und ernannte zu ihrem Feldherrn den Perser Megabates aus dem Geschlecht der Achaimeniden. Er war sein und des Dareios Vetter, und seine Tochter hat, wenn die Geschichte wirklich

wahr ist, später der Lakedaimonier Pausanias, der Sohn des Kleombrotos, geheiratet, als ihn die Lust anwandelte, Tyrann über Griechenland zu werden. Als Artaphernes den Megabates zum Feldherrn gemacht hatte, sandte er das Heer zu Aristagoras ab.

(33) Megabates zog von Milet den Aristagoras und das ionische Heer und die Naxier an sich und fuhr ab. Angeblich ging es gegen den Hellespont. Als er aber sich in der Nähe von Chios befand, nahm er Kurs auf Kaukasa[18], um von dort mit Nordwind nach Naxos hinüberzufahren. Und da – es war ja nicht vom Schicksal bestimmt, daß die Naxier durch diesen Heereszug zugrunde gehen sollten – ereignete sich folgender Vorfall. Als Megabates bei den Schiffswachen die Runde machte, war auf einem Schiff von Myndos[19] kein einziger Wachtposten. Er war darüber entrüstet und befahl seiner Leibwache, den Befehlshaber dieses Schiffes, namens Skylax, ausfindig zu machen, ihn in Fesseln zu legen, dann durch das Bordloch[20] des Schiffes zu ziehen, und zwar so, daß der Kopf außerhalb, der Leib innerhalb des Schiffes sei. Skylax wurde gefesselt, und man meldete dem Aristagoras, daß Megabates seinen Gastfreund aus Myndos in Fesseln gelegt habe und ihn so schmählich behandle. Er ging hin und legte Fürsprache bei dem Perser ein. Als aber seine Bitte in keiner Weise Gehör fand, band er ihn eigenhändig los. Megabates erfuhr dies und war aufs höchste entrüstet und aufgebracht über Aristagoras. Dieser sagte: »Was gehen dich denn diese meine Angelegenheiten an? Hat dich nicht Artaphernes abgeschickt mit dem Auftrag, mir zu gehorchen und dahin zu fahren, wohin ich befehle. Was mischst du dich in alle möglichen Dinge?« Dies sagte Aristagoras. Darüber wurde Megabates wütend, und als es Nacht wurde, schickte er auf einem Schiff Leute nach Naxos, die die Naxier über die ganze augenblickliche Lage aufklären sollten.

(34) Die Naxier hatten nun durchaus nicht angenommen, daß dieser Heereszug sich gegen sie richten werde. Als sie es aber erfuhren, brachten sie sofort die ganze bewegliche Habe vom Land hinter die Mauern und trafen Maßnahmen

gegen die bevorstehende Belagerung. Zugleich führten sie in aller Eile Speise und Trank herbei. Sie hatten in Erkenntnis des ihnen bevorstehenden Kampfes ihre Vorbereitungen getroffen. Als aber die Feinde von Chios nach Naxos hinüberfuhren, stießen sie auf die Naxier, die sich verschanzt hatten. Die Belagerung dauerte vier Monate. Als sie aber alles Geld, das die Perser mitgebracht hatten, aufgebraucht hatten und Aristagoras schon aus seinen eigenen Mitteln eine große Summe beigesteuert hatte, während die Belagerung erst noch den größeren Teil erforderte, da bauten sie für die Flüchtlinge aus Naxos eine Befestigungsanlage und zogen zum Festland ab, nachdem sie große Verluste erlitten hatten.

(35) Aristagoras hatte keine Möglichkeit, sein Versprechen gegenüber Artaphernes zu erfüllen. Zugleich bedrückte ihn der Aufwand für das Heer, der von ihm gefordert wurde, und er war in Furcht, weil das Heer schlimm mitgenommen und er mit Megabates entzweit war. Und so erwartete er, daß ihm die Herrschaft über Milet genommen werde. All dies versetzte ihn in bange Sorge, und so überlegte er abzufallen. Es fiel damit zeitlich zusammen, daß auch der Mann mit dem beschrifteten Kopf, den Histiaios von Susa geschickt hatte, angekommen war und die Weisung dem Aristagoras brachte, von dem Großkönig abzufallen. Histiaios wollte ja dem Aristagoras zu verstehen geben, er solle abfallen. Es bot sich ihm aber sonst überhaupt keine sichere Möglichkeit zu einer Verständigung, da die Wege bewacht wurden. Er hatte daher dem zuverlässigsten seiner Sklaven das Haupthaar scheren, den Kopf mit einer Schrift versehen und warten lassen, bis die Haare nachgewachsen waren. Sobald sie nachgewachsen waren, hatte er ihn nach Milet geschickt und ihm lediglich aufgetragen, nach seiner Ankunft in Milet den Aristagoras aufzufordern, ihm die Haare scheren zu lassen und seinen Kopf zu betrachten. Die Beschriftung aber gab, wie ich schon oben gesagt habe, zu verstehen, daß er abfallen solle. Dies tat Histiaios, weil er seinen zwangsweisen Aufenthalt in Susa für ein großes

Unglück hielt. Für den Fall eines Abfalls hegte er bestimmte Hoffnung, entlassen zu werden und so zu der Meeresküste zu gelangen. Wenn aber Milet sich zu keiner Empörung aufraffen könne, so konnte er keineswegs damit rechnen, je wieder dorthin zu kommen.

(36) Dies waren die Überlegungen, die Histiaios anstellte, als er den Boten abschickte, und es traf sich, daß für Aristagoras alle diese Ereignisse sich in derselben Zeit abspielten. Er beriet sich nun mit seinen Parteigängern, tat ihnen seine Meinung kund und eröffnete ihnen die Botschaft, die von Histiaios gekommen war. Alle andern nun schlossen sich seiner Meinung an und rieten zum Abfall. Nur der Geschichtsschreiber Hekataios erklärte sich fürs erste nicht damit einverstanden, daß ein Krieg mit dem König der Perser unternommen werde, wobei er alle Völkerschaften aufführte, über die Dareios herrschte, sowie seine Streitmacht. Sodann aber, als er nicht durchdrang, beschränkte er sich auf den Rat, sich dafür einzusetzen, daß sie die Herrschaft zur See gewinnen. Andernfalls, erklärte er, sehe er überhaupt keine Möglichkeit, daß dies gut ausgehe. Er wisse ja, daß die Macht der Milesier schwach sei. Wenn man aber aus dem Heiligtum der Branchiden[21] die Schätze wegnehme, die der Lyder Kroisos geweiht hatte, hegte er begründete Hoffnung, die Seeherrschaft zu gewinnen; sie selbst würden in diesem Fall die Möglichkeit haben, die Schätze zu verwenden, während die Feinde sie nicht rauben würden. Und diese Schätze waren groß, wie ich in dem ersten Buch meiner Erzählungen dargelegt habe. Obgleich diese Meinung nicht durchdrang, beschloß man abzufallen. Einer von ihnen sollte nach Myus[22] fahren zu dem Heer, das von Naxos gekommen war und dort stand, und versuchen, die Feldherren gefangenzunehmen, die auf den Schiffen mitfuhren.

(37) Iatragoras wurde zu diesem Zweck abgesandt und nahm hinterlistigerweise gefangen: Oliates, den Sohn des Ibanolis aus Mylasa,[23] Histiaios, den Sohn des Tymnes von Termera[24], Koes, den Sohn des Erxandros, dem Dareios Myti-

lene zum Geschenk gemacht hatte, und Aristagoras, den Sohn des Herakleides aus Kyme[25], und noch viele andere. Damit hatte also Aristagoras ganz offen den Abfall vollzogen und traf alle Maßnahmen gegen Dareios. Und zuerst gab er die Tyrannis scheinbar preis und schuf für Milet die Isonomie[26], was lediglich den Zweck hatte, die Bereitwilligkeit der Milesier zu dem Abfall herbeizuführen, hernach tat er in dem übrigen Ionien desgleichen, indem er die Tyrannen teils vertrieb und diejenigen, die er auf den Schiffen nach ihrer Fahrt gegen Naxos in seine Hand bekommen hatte, den Städten auslieferte, wobei er einen nach dem andern je nach seinem Herkunftsort übergab.

(38) Sobald nun die Mytilenaier den Koes in ihre Hand bekommen hatten, führten sie ihn vor die Stadt und steinigten ihn. Die Kymaier aber ließen ihren Tyrannen laufen, und so machten es auch die meisten andern. Die Tyrannenherrschaft hatte nun in den Städten ihr Ende gefunden. Und als Aristagoras dies bewerkstelligt hatte, ordnete er an, in jeder einzelnen Stadt Strategen einzusetzen, und begab sich hernach selbst als Sendbote auf einer Triere nach Lakedaimon. Denn er stand vor der Notwendigkeit, irgendeine mächtige Bundesgenossenschaft zu finden.

(39–48) Die Söhne des Anaxandrides. Auswanderung und Tod des Dorieus.

Aristagoras sucht Hilfe in Griechenland und tritt in Sparta auf

(49) Aristagoras also, der Tyrann von Milet, kommt nach Sparta unter der Regierung des Kleomenes und nimmt mit diesem die Verhandlungen auf. Wie die Lakedaimonier erzählen, hatte er eine eherne Tafel bei sich, auf der der Umkreis der ganzen Erde eingeschnitten war sowie das ganze Meer und alle Flüsse.[27] Wie Aristagoras in die Verhandlungen eintrat, sagte er zu ihm folgendes: »Kleomenes! Wundere dich nicht über die Eile, mit der ich hierher

gekommen bin. Die augenblickliche Lage stellt sich folgendermaßen dar. Daß die Söhne der Ioner Sklaven anstatt Freie sind, ist eine überaus schwere und schmerzliche Schande für uns selbst, sodann aber auch für euch, die ihr die Führung in Hellas habt. Jetzt, bei den hellenischen Göttern, ist der Zeitpunkt gekommen, die Ioner von der Knechtschaft zu befreien. Männer euren Blutes. Ohne Mühe kann euch dies gelingen. Denn die Barbaren sind keine wehrhaften Männer, während ihr die höchste Stufe kriegerischer Tüchtigkeit erreicht habt. Dies ist ihre Kampfesart: sie führen nur Bogen und kurze Lanzen. In Beinkleidern gehen sie in die Schlacht und tragen auf ihrem Kopf einen Turban. So können sie leicht überwältigt werden. Es verfügen aber die das dortige Festland Bewohnenden über Güter, wie sie auch nicht alle andern zusammen besitzen, angefangen mit dem Geld; dazu kommt Silber und Erz und bunte Kleidung, Zugvieh und Sklaven, was ihr alles, wenn ihr nur recht ernstlich wollt, selbst wohl haben könnt. Sie wohnen aber, ein Volk an das andere grenzend, wie ich zeigen will. An die Ioner hier stoßen die Lyder, die ein fruchtbares Land bewohnen und über sehr viel Silber verfügen« – bei diesen Worten zeigte er auf den Umkreis der Erde, der auf der mitgebrachten Tafel eingeschnitten war. »An die Lyder«, fuhr Aristagoras fort, »grenzen hier die Phryger im Osten, die von allen mir bekannten Völkern den größten Viehbesitz haben und auch am meisten Frucht ernten. An die Phryger grenzen die Kappadoker, die wir Syrier nennen. Ihnen benachbart sind die Kiliker, die hier bis an das Meer reichen, in dem hier die Insel Kypros liegt. Sie bezahlen als jährlichen Tribut dem Großkönig 500 Talente. An die Kiliker stoßen hier die Armenier. Auch sie haben großen Viehreichtum. An die Armenier grenzen die Matiener[28], die dies Land hier bewohnen. An sie grenzt das kissische[29] Land, in dem bekanntlich neben dem Fluß Choaspes hier dieses Susa gelegen ist, wo der Großkönig seine Hofhaltung hat, und auch die Schatzkammern befinden sich dort. Habt ihr diese Stadt eingenommen, könnt ihr getrost euch gleich mit Zeus an Reichtum messen. Aber ihr müßt ja freilich um ein Land, das nicht groß ist und auch nicht so ergiebig ist und dessen Grenzen eng sind, Kämpfe bestehen gegen Messenier, die euch ebenbürtige Gegner sind, und gegen Arkader und Argiver, bei denen weder irgendwelches Gold noch Silber zu holen ist, um dessen Besitz kämpfend zu sterben so manchen sein Verlangen verführt. Da es aber euch möglich ist, die Herrschaft über ganz Asien mühelos zu erlangen, wollt ihr da nicht zugreifen?« Dies sagte Aristagoras, und Kleomenes gab folgenden Bescheid: »Gastfreund aus Milet! Ich schiebe die Antwort auf deine Frage auf den dritten Tag auf.«

(50) Für den Augenblick kamen sie nur so weit in ihren Verhandlungen. Als aber der für die Antwort festgesetzte Tag gekommen war und sie an dem verabredeten Ort zusammentrafen, fragte Kleomenes den Aristagoras, wie viele Tage man benötigte, um von dem jonischen Meer zum Großkönig zu kommen. Aristagoras aber, der doch sonst ein kluger Mann war und Kleomenes vortrefflich beschwatzte, beging hier einen Fehler. Denn er hätte ihm nicht die Wahrheit zu sagen brauchen, soweit es seine Absicht betraf, die Spartiaten aus ihrem Land nach Asien zu locken. Aber so erklärte er, der Hinaufmarsch erfordere drei Monate. Und Kleomenes schnitt ihm das weitere Wort ab, zu dem Aristagoras sich eben anschickte, um sich über den Weg zu verbreiten, und erklärte: »Gastfreund aus Milet! Entferne dich aus Sparta vor Sonnenuntergang! Der Vorschlag, den du da machst, der geht den Lakedaimoniern nicht ein. Du willst sie ja von dem Meere weg einen Weg von drei Monaten führen.«

(51) Als Kleomenes dies gesagt hatte, ging er nach Hause. Aristagoras aber nahm einen Ölzweig und ging in das Haus des Kleomenes. Als er eingetreten war als ein Schutzflehender, forderte er den Kleomenes auf, ihn anzuhören und zuerst das Kind hinauszuschicken. Neben Kleomenes stand nämlich seine Tochter namens Gorgo. Es war sein einziges Kind, und es war damals acht oder neun Jahre alt. Kleomenes forderte ihn auf, zu sagen, was er wolle, und nicht des

Kindes wegen an sich zu halten. Da begann nun Aristagoras mit dem Angebot von zehn Talenten, wenn er ihm seine Bitte erfülle. Als aber Kleomenes ablehnte, machte Aristagoras ein immer höheres Geldangebot und steigerte es bis zu dem Versprechen von fünfzig Talenten. Da rief das Kind: »Vater! Der Fremdling wird dich bestechen, wenn du dich nicht entfernst und weggehst.« Kleomenes freute sich über die Warnung seines Kindes und ging in ein anderes Gemach. Aristagoras entfernte sich endgültig aus Sparta und fand keine Möglichkeit mehr, weitere Auskunft über den Weg hinauf zu dem Großkönig zu geben.

(52–54) Die königliche Heerstraße von Ephesos nach Susa.

(55–97) Aristagoras in Athen. Fortführung der athenischen Geschichte im Anschluß an 1,64.

Der ionische Aufstand.
Eroberung von Sardes. Persischer Sieg bei Ephesos

(97) ... Aristagoras, von Kleomenes, dem Lakedaimonier, aus Sparta ausgewiesen, kam nach Athen. Die Machtstellung dieser Stadt war ja größer als die aller anderen. Als Aristagoras vor dem Volk auftrat, machte er die gleichen Ausführungen wie in Sparta über die Reichtümer in Asien und über die Kampfesweise der Perser, daß diese weder Schild noch Lanze führen und leicht zu überwältigen seien. Dies also sagte er und fügte noch hinzu, daß die Milesier Kolonisten der Athener seien und es ihre Pflicht sei, diese zu retten, wozu sie über die nötigen Machtmittel verfügten. Und es gab nichts, was er nicht versprach, wobei er seine Versprechungen mit inständigen Bitten begleitete, bis er sie überredete. Denn es scheint leichter zu sein, eine Menge irrezuführen als einen einzelnen, sofern er sich ja nicht imstande erwies, den Kleomenes allein irrezuführen, während ihm dies bei dreißigtausend Athenern[30] gelang. Die Athener ließen sich also überreden und beschlossen, zwanzig Schiffe den Ionern zu Hilfe zu senden, wobei sie zum Flottenführer

den Melanthios, einen in jeder Beziehung bewährten Mann aus der Mitte der Stadtbürger, bestimmten. Diese Schiffe bildeten den Ausgangspunkt des Unglücks, das sowohl über die Hellenen wie über die Barbaren hereinbrach.

(98) Aristagoras fuhr voraus, und nach seiner Ankunft in Milet ersann er einen Plan, von dem die Ioner keinen Nutzen haben sollten. (Dies war ja auch gar nicht der Zweck seines Handelns, vielmehr lag ihm nur daran, dem Großkönig Dareios Schaden zuzufügen.) Er schickte einen Boten nach Phrygien zu den Paionern, die als Kriegsgefangene von Megabazos aus dem Strymongebiet ausgesiedelt waren und abgesondert für sich einen Landstrich von Phrygien und ein Dorf bewohnten. Nach seiner Ankunft bei den Paionern sagte er folgendes: »Paioner! Aristagoras, der Tyrann von Milet, hat mich geschickt, um euch Rettung in Aussicht zu stellen, falls ihr folgen wollt. Jetzt ist ja ganz Ionien von dem Großkönig abgefallen, und es bietet sich für euch die Gelegenheit, glücklich in eure Heimat zu gelangen. Bis zum Meer müßt ihr für euch selbst sorgen, von da an laßt alles weitere unsere Sorge sein.« Als die Paioner dies hörten, griffen sie mit großer Freude zu. Sie liefen zum Meere und nahmen ihre Weiber und Kinder mit. Einige von ihnen blieben allerdings da, weil sie Angst bekamen. Als sie nun an das Meer gekommen waren, fuhren sie von dort aus nach Chios hinüber. Kaum waren sie in Chios, kam unmittelbar hinter ihnen drein starke persische Reiterei, die sie verfolgte. Sie holte die Paioner allerdings nicht ein, vielmehr ließen sie diesen nach Chios die Weisung zugehen, zurückzukehren. Die Paioner lehnten jedoch den Vorschlag ab. Von den Chiern wurden sie nach Lesbos weitergebracht und von den Lesbiern nach Doriskos[31] geführt, von wo sie auf dem Landweg nach Paionien gelangten.

(99) Als nun die Athener mit zwanzig Schiffen ankamen, wobei sie fünf Trieren aus Eretria mitbrachten, die nicht den Athenern, sondern eben den Milesiern zuliebe mitgezogen waren, da sie diesen eine Schuld abzutragen hatten (die Milesier hatten bekanntlich früher mit den Eretriern den

Krieg gegen die Chalkidier glücklich zu Ende geführt, damals als auch den Chalkidiern die Samier gegen die Eretrier und Milesier zu Hilfe kamen[32]) – als nun die Athener bei ihnen ankamen und auch die anderen Bundesgenossen zur Stelle waren, trat Aristagoras zum Feldzug gegen Sardes an. Er selbst zog allerdings nicht mit, sondern blieb in Milet und ernannte andere zu Feldherrn der Milesier, seinen Bruder Charopinos und aus der Reihe der Stadtbürger den Hermophantos.

(100) Die Ioner kamen mit diesem Heer nach Ephesos und ließen die Fahrzeuge in Koressos[33], das zu dem ephesischen Land gehört, zurück. Sie selbst marschierten landeinwärts mit einer starken Truppe, wobei sie sich der Ephesier als Wegweiser bedienten. Sie zogen dem Fluß Kaystros[34] entlang, überschritten dann den Tmolos und kamen vor Sardes an, das sie, ohne Gegenwehr zu finden, einnahmen, und zwar besetzten sie alle Teile der Stadt mit Ausnahme der Burg, die von Artaphernes persönlich mit einer nicht geringen Besatzung verteidigt wurde. Sie plünderten die Stadt nach der Einnahme nicht, und zwar hielt sie folgender Umstand zurück.

(101) Die Häuser in Sardes waren zum größten Teil aus Schilfrohr gefertigt. Es gab auch Backsteinbauten, aber diese hatten Schilfdächer. Als nun einer der Soldaten eines von diesen anzündete, da sprang das Feuer sofort von Haus zu Haus und erfaßte die ganze Stadt. Die Stadt stand in Flammen, und die Lyder sowie alle in ihr weilenden Perser sahen sich auf allen Seiten abgeschnitten. Da das Feuer auf die Außenbezirke ringsum übergriff und so kein Ausweg mehr übrigblieb, strömten sie auf den Markt zum Paktolosfluß, der ihnen von dem Tmolos Goldstaub herabführt, mitten durch den Marktplatz fließt und sodann sich in den Hermosfluß ergießt, der seinerseits in das Meer mündet. An diesem Paktolos also und auf dem Marktplatz versammelten sich die Lyder und die Perser und sahen sich gezwungen, sich zur Wehr zu setzen. Als aber die Ioner sahen, daß sich der eine Teil der Feinde wehrte, während der andere Teil in

großer Masse auf sie einstürmte, da erschraken sie und zogen sich auf den sogenannten Tmolosberg zurück. Von da zogen sie sich bei Anbruch der Nacht zu ihren Schiffen zurück.

(102) Sardes ging in Flammen auf und in der Stadt auch ein Heiligtum der einheimischen Göttin Kybele, was die Perser später zum Vorwand nahmen, um als Vergeltung die Heiligtümer in Hellas niederzubrennen. Jetzt aber versammelten sich auf die Kunde hievon die Perser, die diesseits des Halysflusses ihre Wohnsitze hatten, und kamen den Lydern zu Hilfe. Die Ioner trafen sie allerdings nicht mehr in Sardes an, folgten aber ihren Spuren und holten sie in Ephesos ein. Die Ioner stellten sich ihnen gegenüber zur Schlacht auf, zogen aber in dieser bei weitem den kürzeren. Die Perser machten viele von ihnen nieder. Es waren darunter zahlreiche namhafte Männer; zu diesen gehörte auch Eualkides, der Feldherr der Eretrier, der in Wettkämpfen Siegeskränze errungen hatte und von Simonides aus Keos[35] vielfach gefeiert worden war. Soweit sie der Schlacht entrannen, zerstreuten sie sich in ihre Städte.

(103) So verlief also der damalige Kampf. Hernach ließen die Athener die Ioner gänzlich im Stich und, als Aristagoras sie durch Boten dringend zur Hilfeleistung aufrief, lehnten sie es ab, ihnen zur Seite zu stehen. Die Ioner, der athenischen Bundesgenossenschaft verlustig – soweit hatten sie es mit ihrem Vorgehen gegen Dareios gebracht –, rüsteten nichtsdestoweniger zum Krieg gegen den Großkönig. Sie fuhren nach dem Hellespont und unterwarfen Byzantion und alle anderen dortigen Städte. Dann fuhren sie wieder aus dem Hellespont heraus und gewannen den größten Teil von Karien als verbündetes Land. Auch Kaunos,[36] das früher zu einem Kampfbund sich nicht bereit gezeigt hatte, trat jetzt, da sie Sardes niedergebrannt hatten, auf ihre Seite ...

Histiaios bei Dareios

(105) Als dem König Dareios gemeldet wurde, Sardes sei von den Athenern und Ionern eingenommen und verbrannt worden und der Feldherr des Truppenaufgebots, der auch das ganze Unternehmen eingefädelt habe, sei der Milesier Aristagoras, da soll er zuerst, ohne sich weiter um die Ioner zu kümmern – er war sich dabei wohl bewußt, daß ihnen der Abfall teuer zu stehen komme –, gefragt haben, was denn die Athener für Leute seien. Als er es dann erfahren habe, habe er seinen Bogen gefordert. Er habe ihn an sich genommen, einen Pfeil aufgelegt und ihn in die Luft hinauf gegen den Himmel abgeschossen. Und während er ihn in die Luft schoß, habe er gesagt: »Zeus! Vergönne es mir, mich an den Athenern zu rächen.« Darauf habe er seinen Dienern befohlen, jedesmal wenn die Mahlzeit aufgetragen sei, ihm dreimal zuzurufen: »Herr! Gedenke der Athener.«

(106) Er gab diesen Auftrag. Sodann ließ er Histiaios vor sich rufen, den er schon lange in Gewahrsam hielt, und sagte: »Ich erfahre, Histiaios, daß dein Stellvertreter, dem du Milet zur Verwaltung übergeben hast, sich gegen mich empört hat. Er führt nämlich von dem anderen Festland Kriegsvolk gegen mich heran, und in seinem Gefolge befinden sich Ioner, die mir für ihr Handeln büßen werden. Er hat die Ioner überredet, sich ihnen anzuschließen, und hat mir Sardes weggenommen. Jetzt also erkläre mir, wie dir dies in Ordnung zu gehen scheint. Wie hat ohne deine Beratung so etwas durchgeführt werden können? Sieh zu, daß du dich später nicht selbst schuldig sprechen mußt!« Darauf erwiderte Histiaios: »König! Was hast du da für ein Wort ausgesprochen! Ich soll zu einer Handlung geraten haben, aus der dir irgendein Schaden, mag er groß oder klein sein, erwachsen würde! Was sollte ich auch mit einem solchen Verhalten für eine Absicht verfolgen? Woran fehlt es mir denn? Wo mir dies alles genauso wie dir selbst zur Verfügung steht und ich von dir gewürdigt werde, bei allen deinen Beratungen zuzuhören. Sofern jedoch etwas Derarti-

ges, wie du ausgesprochen hast, mein Stellvertreter tut, so wisse, daß er es auf eigene Verantwortung getan hat. Ganz und gar nicht kann ich für meine Person der Behauptung Glauben schenken, daß die Milesier und meine Stellvertreter sich gegen deine Regierung empören. Sollten sie aber doch etwas Derartiges tun und was du gehört hast der Wirklichkeit entsprechen, so gewinne daraus die Erkenntnis, Großkönig, was du damit angerichtet hast, daß du mich von dem Meere ins Binnenland verschlepptest. Es sieht ja so aus, als ob die Ioner, seit ich ihnen aus den Augen gekommen bin, das getan haben, wonach schon längst ihr Begehren stand. Wenn ich in Ionien wäre, wäre keine einzige Stadt wankend geworden. Darum laß mich jetzt schleunigst nach Ionien reisen, damit ich dir die ganze dortige Lage wieder in die frühere Ordnung bringe und meinen Stellvertreter in Milet, der dies alles angezettelt hat, dir in die Hände gebe. Wenn ich aber dies in deinem Sinne erledigt habe, dann, so schwöre ich bei den königlichen Göttern, werde ich nicht eher das Kleid, in dem ich nach Ionien hinunterziehen werde, ablegen, als bis ich dir Sardo, die größte Insel,[37] tributpflichtig gemacht habe.«
(107) Mit diesen Worten suchte Histiaios den Dareios zu täuschen. Dareios ließ sich überreden und entließ ihn mit dem Auftrag, wenn er ihm sein Versprechen erfüllt habe, wieder bei ihm in Susa zu erscheinen.

Abfall und Unterwerfung von Kypros

(108) Während die Nachricht von dem Geschehen in Sardes zum Großkönig hinaufgebracht wurde, sich bei Dareios die Geschichte mit dem Bogen abspielte, dieser mit Histiaios verhandelte und Histiaios selbst, von Dareios entlassen, sich auf der Reise zum Meere befand, in diesem ganzen Zeitraum ereignete sich folgendes. Während der Salaminier Onesilos die Amathusier belagerte, wurde ihm gemeldet, der angesehene Perser Artybios komme zu Schiff mit einem großen

persischen Heere und sei im Anzug gegen Kypros. Daraufhin schickte Onesilos Herolde in Ionien umher, um die Ioner zur Hilfe aufzurufen. Diese berieten sich nicht lange und kamen mit großer Heeresmacht. Die Ioner erschienen also vor Kypros, und die Perser, die mit ihren Schiffen von Kilikien nach Kypros herübergefahren waren, zogen zu Lande gegen Salamis, während die Phoiniker mit ihrer Flotte um das Vorgebirge herumfuhren, das »Schlüssel von Kypros«[38] heißt.

(109) Während dies sich so abspielte, riefen die Tyrannen von Kypros die Feldherrn der Ioner zusammen und erklärten: »Ionische Männer! Wir Kyprier geben euch die Wahl. Welche der beiden Feinde, die Perser oder die Phoiniker, wollt ihr angreifen? Wollt ihr euch in einer Landschlacht mit den Persern messen, dann dürfte für euch der Zeitpunkt gekommen sein, die Schiffe zu verlassen und euch zu Lande aufzustellen, für uns aber eure Schiffe zu besteigen, um mit den Phoinikern den Kampf aufzunehmen. Wenn ihr euch aber lieber mit den Phoinikern messen wollt, gut, so müßt ihr eben, welche von den beiden Möglichkeiten ihr auch wählen möget, so handeln, daß ihr alle eure verfügbaren Kräfte für die Freiheit von Ionien und Kypros einsetzt.« Darauf erwiderten die Ioner: »Uns hat die Bundesversammlung der Ioner geschickt mit dem Auftrag, über das Meer zu wachen, aber nicht dazu, daß wir den Kypriern unsere Schiffe übergeben, um unsererseits mit den Persern zu Lande zu kämpfen. Wir werden also versuchen, dem uns erteilten Auftrag gerecht zu werden, ihr aber müßt daran denken, was ihr unter der Knechtschaft der Meder erlitten habt, und müßt euch als tapfere Männer bewähren.«

(110) Dies war die Antwort der Ioner. Als hernach die Perser in die Ebene von Salamis kamen, lasen die Stadtkönige der Kyprier von den Salaminiern und Soliern die besten Kräfte aus und stellten sie den Persern gegenüber, während sie die restlichen Kyprier aufteilten und den übrigen feindlichen Truppen gegenüberstellten. Gegenüber dem persischen Feldherrn Artybios nahm freiwillig Onesilos Aufstellung.

(111) Artybios ritt ein Pferd, das darauf abgerichtet war, gegen einen Hopliten sich steil aufzubäumen. Als nun Onesilos dies erfuhr, da sagte er zu seinem Schildknappen, der, ein Karer von Geburt, ein bewährter Krieger und auch sonst ein entschlossener Mann war: »Ich höre, daß das Pferd des Artybios sich steil aufbäumt und mit seinen Hufen und seinem Maul jeden erledigt, auf den es losrennt. Nun geh mit dir zu Rate und sage mir rasch, vor welchem von beiden du dich beim Zuschlagen schützen willst, vor dem Pferd oder vor Artybios selbst.« Darauf sagte sein Diener: »König! Ich bin bereit, beides zu tun und eines von beiden, ganz so, wie du es befiehlst. Wie es freilich nach meiner Meinung für deine Lage zuträglicher ist, das will ich sagen. Ein König und Feldherr muß, wie ich meine, mit einem König und Feldherrn kämpfen. Wenn du nämlich einen Mann tötest, der Feldherr ist, dann ist dies für dich eine große Tat, und zum andern, wenn jener dich tötet – was nicht geschehen möge! –, so ist es nur ein halbes Unglück, von einem ebenbürtigen Manne den Tod zu finden. Wir Knechte aber sollen mit Knechten kämpfen und auch gegen ein Pferd, vor dessen Listen du dich übrigens keineswegs zu fürchten brauchst. Denn ich verspreche dir, es soll sich künftig gegen keinen Mann mehr aufbäumen.«

(112) Dies sagte er. Unmittelbar darauf entspann sich zu Wasser und zu Land der Kampf. Mit ihren Schiffen zeigten sich die Ioner als Meister und überwanden an diesem Tage die Phoiniker. Unter den Ionern kämpften am hervorragendsten die Samier. Wie aber die Landheere aufeinanderstießen und im Handgemenge kämpften, da trug sich bei den beiderseitigen Feldherrn folgendes zu. Als Artybios sich zu Pferde auf Onesilos stürzte, schlug Onesilos gemäß der Verabredung, die er mit seinem Schildknappen getroffen hatte, auf den gegen ihn losstürzenden Artybios ein, und wie das Pferd mit seinen Hufen gegen den Schild des Onesilos ausholt, in diesem Augenblick haut der Karer mit seinem Sichelschwert zu und schlägt die Hufe des Pferdes ab. Der

persische Feldherr Artybios bricht mit seinem Pferd auf der Stelle zusammen.

(113) Während aber auch die anderen kämpften, ging Stesenor, der Tyrann von Kurion, mit seiner nicht geringen Streitmacht, über die er verfügte, verräterisch zum Feind über. Diese Einwohner von Kurion sollen Kolonisten der Argiver sein. Auf den Verrat der Kurier hin taten sofort die Streitwagen der Salaminier das gleiche wie die Kurier. Dieses Verhalten führte dazu, daß die Perser über die Kyprier die Oberhand gewannen. Und als sich das Heer zur Flucht gewendet hatte, fiel unter zahlreichen anderen auch Onesilos, der Sohn des Chersis, der ja den Abfall der Kyprier veranlaßt hatte, sowie der König der Solier Aristokypros, der Sohn des Philokypros, ebendieses Philokypros, den der Athener Solon nach seiner Ankunft in Kypros in Elegien höher als alle anderen Tyrannen gefeiert hatte.

(114) Dem Onesilos hieben nun die Amathusier, weil er sie belagert hatte, den Kopf ab, brachten ihn nach Amathus und hingen ihn über dem Stadttor auf. Als nun der Kopf da hing und bereits ausgehöhlt war, nistete sich in ihm ein Bienenschwarm ein und füllte ihn mit Waben an. So geschah dies. Den Amathusiern aber wurde – sie hatten in der Angelegenheit des Kopfes das Orakel befragt – geweissagt, sie sollten den Kopf herunternehmen und begraben sowie dem Onesilos jährlich wie einem Heros Opfer darbringen. Dann würde es ihnen besser ergehen.

(115) Die Amathusier befolgten den Orakelspruch und taten dies noch bis zu meiner Zeit. Als aber die Ioner, die die Seeschlacht bei Kypros geliefert hatten, merkten, daß die Sache des Onesilos verloren war und außer Salamis sämtliche Städte der Kyprer belagert wurden, Salamis selbst aber von den Salaminiern ihrem früheren König Gorgos übergeben worden sei, da fuhren sie unmittelbar auf die Kunde hievon nach Ionien ab. Von den Städten auf Kypros leistete am längsten Widerstand das belagerte Soloi. Nur dadurch, daß die Perser ringsum die Befestigungsanlage untergruben, konnten sie im fünften Monat die Stadt einnehmen.

(116) So hatten also die Kyprier ein einziges Jahr die Freiheit gekostet und waren nun von neuem unterjocht. Daurises, der eine Tochter des Dareios zur Frau hatte, und Hymaies und Otanes sowie andere persische Feldherrn, die gleichfalls Töchter des Dareios zur Frau hatten, verfolgten die Ioner, die gegen Sardes zu Felde gezogen waren, warfen sie auf die Schiffe und verteilten darauf im Verfolg der siegreichen Schlacht die Städte unter sich auf und verwüsteten sie.

(117) Daurises wandte sich gegen die Städte im Hellespont und eroberte Dardanos, ferner eroberte er Abydos, Perkotes, Lampsakos und Paisos. Zu der Eroberung dieser Städte benötigte er je nur einen Tag. Als er aber von Paisos gegen die Stadt Parion zog, erreichte ihn die Botschaft, die Karer hätten mit den Ionern gemeinsame Sache gemacht und seien von den Persern abgefallen. Er zog nun sein Heer von dem Hellespont ab und führte es gegen Karien.

(118) Und es ist anzunehmen, daß dies den Kariern gemeldet wurde, noch ehe Daurises erschien. Auf die Kunde hievon versammelten sich die Karer bei den sogenannten »Weißen Säulen« und dem Marsyas-Fluß, der, von der Landschaft Idrias kommend, in den Maiandros mündet.[39] Wie nun die Karer sich dort versammelt hatten, wurden viele Vorschläge gemacht. Von allen erscheint mir der als der beste, den Pixodaros, der Sohn des Mausolos aus Kindye[40], der die Tochter des Kilikerkönigs Syennesis[41] zur Frau hatte, machte. Sein Vorschlag ging dahin, die Karer sollten den Maiandros überschreiten und auf dem andern Flußufer mit dem Rücken gegen den Fluß kämpfen, damit sie keine Möglichkeit hätten, rückwärts zu fliehen, vielmehr gezwungen seien, an Ort und Stelle standzuhalten und dabei über ihre angeborene Tüchtigkeit noch hinauszuwachsen. Dieser Vorschlag drang nun nicht durch, vielmehr der andere, es sei besser, wenn die Perser anstatt ihrer den Maiandros im Rücken hätten, da diese ja im Falle der Niederlage in der

Schlacht und ihrer Flucht in den Fluß stürzen und nicht mehr heimkehren würden.

(119) Als hernach die Perser zur Stelle waren und den Maiandros überschritten hatten, stießen die Karer am Marsyasfluß mit den Persern zusammen, und es kam zu einer erbitterten, lang dauernden Schlacht. Zuletzt unterlagen die Karer der Übermacht. Von den Persern fielen gegen zweitausend, von den Karern gegen tausend. Daraufhin wurden diejenigen Karer, die aus der Schlacht entronnen waren, in Labranda eingeschlossen, und zwar in dem heiligen Bezirk des Zeus Stratios,[42] einem großen, heiligen Platanenhain. Die Karer sind, soweit unser Wissen reicht, die einzigen, die dem Zeus Stratios Opfer darbringen. Als sie nun dort eingeschlossen wurden, berieten sie sich, wie sie sich retten könnten, womit sie besser fahren würden, entweder wenn sie sich den Persern ergäben oder überhaupt Asien verließen.

(120) Während sie darüber berieten, kamen die Milesier und ihre Bundesgenossen zu Hilfe. Da gaben die Karer ihre früheren Pläne auf und rüsteten sich zur Wiederaufnahme des Kampfes. Sie stießen mit den heranrückenden Persern zusammen, aber in der Schlacht, die sich entspann, erlitten sie eine noch größere Niederlage als vorher. Die Gesamtverluste an Gefallenen waren groß, wovon die Milesier den Hauptanteil trugen.

(121) Hernach aber erholten sich die Karer von ihrer Niederlage und nahmen den Kampf wieder auf. Als sie nämlich erfuhren, daß die Perser beabsichtigten, gegen ihre Städte zu Felde zu ziehen, legten sie sich an der Pedasonstraße[43] in einen Hinterhalt. In diesen gerieten die Perser bei Nacht und wurden mitsamt ihren Feldherren Daurises, Amorges und Sisimakes aufgerieben. Mit ihnen kam auch Myrsos, der Sohn des Gyges, um. Der Befehlshaber der Truppe in diesem Hinterhalt war Herakleides, der Sohn des Ibanolis, aus Mylasa[44].

(122) Dieser Teil der persischen Truppen wurde auf solche Weise aufgerieben. Hymaies aber, der ebenfalls zu denen

gehörte, welche die gegen Sardes ausgezogenen Ioner verfolgten, wandte sich zur Propontis und eroberte das Mysische Kios[45]. Daraufhin erfuhr er, Daurises habe den Hellespont verlassen und marschiere in Richtung auf Karien. Er zog daher von der Propontis ab und führte sein Heer gegen den Hellespont. Er unterwarf alle Aioler, die die Landschaft Ilias bewohnen, er unterwarf auch die Gergither, die Überbleibsel der alten Teukrer.[46] Hymaies selbst starb, während er diese Völkerschaften unterwarf, in der Troas an einer Krankheit.

(123) Auf solche Weise fand er nun sein Ende. Artaphernes aber, der Satrap von Sardes, und Otanes, der dritte Feldherr, wurden zum Feldzug gegen Ionien und die angrenzende Aiolis aufgeboten. Von Ionien eroberten sie Klazomenai[47], von Aiolien Kyme[48]. Während nun diese Städte eingenommen wurden und Aristagoras dies mit ansah, trug sich Aristagoras – er war ja, wie sich zeigte, kein Held –, er, der Ionien in Aufruhr gebracht und so weittragende Unternehmungen angestiftet hatte, mit Fluchtgedanken. Zudem erschien es ihm unmöglich, den Großkönig Dareios zu überwinden. Unter diesen Umständen rief er seine Anhänger zusammen und beriet sich mit ihnen. Dabei legte er ihnen dar, es sei besser für sie, wenn ihnen ein Zufluchtsort zur Verfügung stehe, falls sie etwa von Milet vertrieben würden. Die Beratung ging um die Frage, ob er von diesem Ort aus in Sardo eine Kolonie gründen solle oder in Myrkinos im Edonerland[49], das Histiaios von dem Großkönig als Geschenk erhalten hatte und hatte befestigen wollen. Diese Frage stellte Aristagoras.

(125) Die Meinung des Logographen Hekataios, des Sohnes des Hegesandros, ging nun dahin, zu keinem von beiden Orten zu ziehen, vielmehr auf der Insel Leros[50] eine Feste zu bauen und dort sich ruhig zu verhalten, falls er von Milet vertrieben werde, und von diesem Stützpunkt aus wieder nach Milet zurückzukehren.

(126) So weit also der Ratschlag des Hekataios. Aristagoras war ganz von dem Gedanken erfüllt, nach Myrkinos zu

ziehen. Milet übergab er dem Pythagoras, einem bewährten Manne der Bürgerschaft. Es selbst nahm jeden, der dazu Lust hatte, mit, fuhr nach Thrakien und nahm die Landschaft in Besitz, zu der er ausgezogen war. Bei einem Zug gegen die Thraker, den er von dort aus antrat, wurde er von diesen mitsamt seinem Heer vernichtet, während er eine Stadt belagerte, die die Thraker auf Grund eines Vertrages verlassen wollten.

Sechstes Buch

Histiaios in Sardes und seine weiteren Unternehmungen

(1) So fand denn Aristagoras, der Ionien zum Abfall gebracht hatte, den Tod. Histiaios aber, der Tyrann von Milet, war, von Dareios entlassen, in Sardes erschienen. Nach seiner Ankunft aus Susa fragte ihn Artaphernes, der Statthalter von Sardes, was für einen Anlaß nach seiner Meinung die Ioner zum Abfall gehabt hätten. Histiaios erklärte, es nicht zu wissen. Er tat zugleich verwundert über das Geschehene, als ob er über die augenblickliche Lage in keiner Weise unterrichtet sei. Artaphernes aber sah, daß er sich verstellte, und sagte, da er die Hintergründe des Abfalls genau durchschaute: »Eine solche Rolle spielst du, Histiaios, in diesen Geschehnissen. Diesen Schuh hast du genäht, angezogen hat ihn Aristagoras.« (2) Dies sagte Artaphernes und spielte dabei auf den Abfall an. Histiaios aber bekam Angst in der Vermutung, Artaphernes durchschaue ihn, und entwich mit Anbruch der kommenden Nacht zum Meere. Er hatte den König Dareios betrogen, indem er versprochen hatte, Sardo, die größte Insel, zu unterwerfen, und statt dessen hatte er den Oberbefehl über die Ioner im Krieg gegen Dareios übernommen. Er fuhr nach Chios hinüber und wurde von den Chiern ins Gefängnis geworfen unter der Beschuldigung, als Beauftragter des Dareios einen Umsturz durchzuführen. Als aber die Chier den ganzen Sachverhalt erfuhren, nämlich daß er dem Großkönig feindlich gesinnt sei, ließen sie ihn frei.

(3) Histiaios wurde nun von den Ionern gefragt, warum er denn so angelegentlich den Aristagoras zum Abfall von dem Großkönig aufgefordert habe, wodurch er ein so großes Unglück über die Ioner gebracht habe. Da eröffnete er ihnen den wirklichen Grund durchaus nicht, sagte vielmehr zu ihnen, der Großkönig Dareios habe geplant, die Phoiniker auszusiedeln und nach Ionien zu verpflanzen und die Ioner nach Phoinikien. Deshalb habe er die Aufforderung ergehen

lassen. Ganz und gar nicht war dies der Plan des Großkönigs gewesen, vielmehr wollte Histiaios nur die Ioner in Schrekken versetzen.

(4) Hernach schickte Histiaios durch Vermittlung eines Boten, des Hermippos aus Atarneus[1], den Persern in Sardes Briefe. Es war ja schon früher von ihm die Frage des Abfalls mit ihnen besprochen. Hermippos aber gibt sie nicht denen, an die er geschickt worden war, trägt sie vielmehr zu Artaphernes und händigt sie ihm aus. Als dieser die ganze Geschichte merkte, befahl er dem Hermippos, die Briefe von Histiaios denen auszuhändigen, an die sie gerichtet waren, die Antwortschreiben der Perser aber, die an Histiaios gesandt würden, ihm selbst zu geben. So wurden diese Machenschaften aufgedeckt, und daraufhin ließ Artaphernes viele der Perser umbringen.

(5) In Sardes also kam es zu Unruhen, den Histiaios aber, der sich in dieser Hoffnung getäuscht sah, führten die Milesier auf seine eigene Bitte nach Milet. Die Milesier waren froh, schon den Aristagoras losgeworden zu sein, und hatten gar keine Lust, einen anderen Tyrannen in ihr Land aufzunehmen, da sie die Freiheit gekostet hatten. Und wirklich, als Histiaios versuchte, bei Nacht mit Gewalt nach Milet zurückzukehren, wird er von einem der Milesier am Schenkel verwundet. So trifft ihn nun das Schicksal des aus seiner Vaterstadt Ausgestoßenen, und er kehrt nach Chios zurück. Von dort fuhr er, da er die Chier nicht überreden konnte, ihm Schiffe zu geben, nach Mytilene hinüber und überredete die Lesbier, ihm solche zu stellen. Diese bemannten acht Trieren und fuhren gemeinsam mit Histiaios nach Byzanz. Dort setzten sie sich fest und kaperten die aus dem Pontos auslaufenden Schiffe, wobei sie nur eine Ausnahme bei denen machten, die erklärten, sie seien bereit, dem Histiaios zu gehorchen.

(6) Histiaios und die Mytilenaier taten dies. Gegen Milet selbst war eine starke Flotte und ein Landheer im Anzug. Die Feldherrn der Perser hatten ihre Truppen zusammengezogen, zu einem einzigen Heer zusammengefaßt und befanden sich auf dem Marsch gegen Milet, wobei sie den anderen Städten geringere Beachtung schenkten. Von der Flotte zeigten die Phoiniker die größte Begeisterung. Es beteiligten sich an dem Zug auch Kyprier, die erst kürzlich unterworfen worden waren, sowie Kiliker und Ägypter.

(7) Sie zogen also gegen Milet und das übrige Ionien zu Felde. Die Ioner erfuhren dies und schickten Ratsvertreter aus ihrer Mitte zum Panionion[2]. Dort angekommen, berieten sie sich und faßten den Beschluß, kein Landheer zusammenzustellen und mit ihm den Persern entgegenzutreten, vielmehr sollten die Milesier, auf sich selbst gestellt, ihre Mauern verteidigen, ihre Flotte bemannen und dabei kein einziges Schiff ausnehmen, vielmehr nach der Durchführung der Bemannung sich schnellstens bei Lade[3] versammeln und für Milet den Kampf zur See aufnehmen. Lade ist eine kleine Insel in der Nähe der Stadt der Milesier.

(8) Hernach erschienen mit ihren bemannten Schiffen die Ioner, mit ihnen auch die aiolischen Bewohner von Lesbos. Sie nahmen folgende Aufstellung ein: Auf dem östlichen Flügel standen die Milesier selbst mit achtzig Schiffen, im Anschluß an sie die Priener[4] mit zwölf und die Myuser[5] mit drei Schiffen. An die Myuser schlossen sich die Teier[6] mit siebzehn Schiffen und an die Teier die Chier mit hundert Schiffen. Im Anschluß an diese stellten sich die Eretrier auf und die Phokaier, die Eretrier mit acht und die Phokaier mit drei Schiffen. An die Phokaier schlossen sich die Lesbier mit siebzig Schiffen an. Zuletzt stellten sich die Samier auf; sie bildeten den westlichen Flügel mit sechzig Schiffen. Die Gesamtzahl betrug dreihundertunddreiundfünfzig Trieren.

(9) Dies war die Flotte der Ioner. Die Barbaren verfügten im

ganzen über sechshundert Schiffe. Als auch diese vor Milet erschienen und ihr gesamtes Fußvolk zur Stelle war, da erfuhren die Feldherrn der Perser die Zahl der ionischen Schiffe und erschraken, sie möchten nicht stark genug sein, die Oberhand zu gewinnen, und einerseits nicht in der Lage sein, Milet zu erobern, ohne über die Seeherrschaft zu verfügen, andererseits Gefahr laufen, von Dareios irgendwie Schlimmes zu erleiden. In dieser Überlegung versammelten sich die ionischen Tyrannen, die, von dem Milesier Aristagoras aus ihren Herrschaftsbereichen vertrieben, zu den Medern geflohen waren und damals an dem Feldzug gegen Milet sich beteiligten.[7] Alle diese Männer riefen sie, soweit sie zur Stelle waren, zusammen und sagten zu ihnen folgendes: »Ionische Männer! Jetzt soll jeder von euch zeigen, daß er dem Königshaus Gutes erweist. Er soll versuchen, seine Mitbürger von der übrigen Bundesgenossenschaft abzuspalten. Haltet ihnen folgendes Versprechen vor Augen: es soll ihnen wegen ihres Abfalls nichts Unangenehmes geschehen, und es werden ihnen auch nicht ihre Heiligtümer oder ihre Privathäuser angezündet werden. Auch sollen sie keiner drückenderen Herrschaft als früher unterliegen. Wenn sie aber darauf nicht eingehen und es durchaus auf eine bewaffnete Auseinandersetzung ankommen lassen wollen, so droht ihnen mit folgenden Maßnahmen, die dann auch wirklich in die Tat umgesetzt werden: wenn sie in der Schlacht unterliegen, werden sie als Sklaven verkauft, ihre Söhne werden wir zu Verschnittenen machen, die Jungfrauen nach Baktra[8] verschleppen und ihr Land anderen übergeben.«

(10) Dies sagten sie. Die Tyrannen der Ioner ließen bei Nacht, jeder zu den Seinigen, eine Botschaft ergehen. Die Ioner aber, zu denen diese Botschaften kamen, verharrten in ihrem Unverstand und ließen sich nicht zu dem Verrat verführen.[9] Jeder glaubte, daß ihm als dem einzigen die Perser diese Botschaft hätten zukommen lassen. Dies trug sich unmittelbar nach der Ankunft der Perser vor Milet zu.

(11) Hernach, als die Ioner sich bei Lade versammelt hatten, hielten sie Versammlungen ab. Unter den Rednern, die dabei auftraten, befand sich auch der phokaiische Feldherr Dionysios, der folgende Rede hielt: »Unsere Sache steht auf des Messers Schneide, Ioner! Entweder werden wir frei sein oder Sklaven, und zwar davongelaufene Sklaven. Seid ihr nun jetzt bereit, Mühsal auf euch zu nehmen, dann werdet ihr für den Augenblick einen Kampf zu bestehen haben. Es wird euch aber die Möglichkeit daraus erwachsen, über eure Feinde Herr zu werden und die Freiheit zu behaupten. Wenn ihr aber euch der Trägheit und Zuchtlosigkeit hingebt, dann habe ich keine Hoffnung, daß ihr der Bestrafung durch den Großkönig für euren Verrat entgeht. Darum gehorcht mir und schenkt mir euer Vertrauen. Und ich verspreche euch, wenn die Götter gerecht walten, entweder werden es die Feinde gar nicht zum Kampfe kommen lassen oder, falls dies doch geschieht, werden sie bei weitem den kürzeren ziehen.«

(12) Als dies die Ioner hörten, schenkten sie dem Dionysios ihr Vertrauen. Dieser ließ an jedem Tag die Schiffe in doppelter Kiellinie auf die hohe See auslaufen, und sooft er die Rudermannschaft zu einem Durchbruch[10] der Schiffe durch die gegenseitigen Linien eingesetzt und dabei die Seesoldaten in voller Bewaffnung aufgestellt hatte, ließ er für den Rest des Tages die Schiffe wieder vor Anker gehen. So hielt er die Ioner den ganzen Tag hindurch in mühseligem Dienst. Sieben Tage nun leisteten sie Gehorsam und führten den Befehl aus. Am folgenden aber sagten die Ioner, da sie solche Strapazen nicht gewohnt und durch die Anstrengungen sowie die Sonnenhitze mitgenommen waren, untereinander folgendes: »Gegen welche Gottheit haben wir uns vergangen, daß wir solches durchmachen müssen? Wir haben ja vernünftiges Denken aufgegeben und unseren Verstand fahren lassen, um uns in die Hände eines Schwätzers aus Phokaia, der uns nur drei Schiffe zur Verfügung stellte, zu geben. Seit er uns in seinen Händen hat, setzt er uns unerträglichen Mißhandlungen aus. Es sind ja schon viele

von uns von Krankheiten heimgesucht worden, und es ist anzunehmen, daß noch viele von uns das gleiche Schicksal erleiden werden. Es ist besser für uns, jedes sonstige Unglück eher zu erdulden als dieses und die drohende Knechtschaft auf uns zu nehmen, mag sie sein, wie sie will, als an die augenblickliche gekettet zu sein. Wohlan, wir wollen ihm künftig nicht mehr Gefolgschaft leisten!« Dies sagten sie, und gleich darauf war keiner mehr gewillt, Gehorsam zu leisten, vielmehr schlugen sie, wie ein Landheer, Zelte auf der Insel auf, gaben sich einem behaglichen Leben hin und waren nicht gewillt, die Schiffe zu besteigen und sich zu Schiffsübungen herbeizulassen.

(13) Als die Feldherren der Samier erfuhren, was hier bei den Ionern vorging, nahmen sie jene Vorschläge an, die früher Aiakes, der Sohn des Syloson,[11] auf Befehl der Perser gesandt und worin er sie gebeten hatte, die Bundesgenossenschaft mit den Ionern aufzugeben. Wie also die Samier sahen, daß die Disziplinlosigkeit bei den Ionern einen weiten Umfang angenommen hatte, nahmen sie die Vorschläge an, zugleich aber trat ihnen die Unmöglichkeit vor Augen, über die Macht des Großkönigs Herr zu werden. Es war ihnen wohl bewußt, wenn auch die ihnen augenblicklich zur Verfügung stehende Flotte den Sieg erringen würde, werde eine andere fünfmal stärkere gegen sie auftreten. Sobald sie also sahen, daß die Ioner sich weigerten, ihre Schuldigkeit zu tun, nahmen sie dies zum Vorwand und hielten es für nützlicher, ihre Heiligtümer zu retten und ihren Privatbesitz. Aiakes aber, von dem sie die Vorschläge angenommen hatten, war ein Sohn des Syloson, des Sohnes des Aiakes, und war als Tyrann von Samos von dem Milesier Aristagoras seiner Herrschaft beraubt worden, wie auch die übrigen Tyrannen von Ionien.

(14) Als nun damals die Phoiniker heranfuhren, führten die Ioner ihrerseits die Schiffe in Kiellinie entgegen. Sie kamen einander nahe, und die Schlacht entwickelte sich. Was den weiteren Verlauf betrifft, so kann ich nicht mit Sicherheit berichten, welcher Teil der Ioner sich in dieser Seeschlacht

als feige oder als tapfer erwiesen hat. Sie machen sich ja gegenseitig Vorwürfe. Wie man aber erzählt, haben die Samier entsprechend der Abmachung mit Aiakes die Segel aufgezogen und sind aus ihrer Stellung nach Samos davongefahren, wobei nur elf Schiffe zurückblieben. Ihre Trierarchen harrten aus und beteiligten sich an der Seeschlacht, ohne auf ihre Feldherren zu hören. Und ihnen erwies die Gemeinde der Samier wegen dieses Verhaltens die Ehre, daß ihre Namen unter Beifügung des Vaternamens als von kampfbewährten Männern auf einer Säule eingemeißelt wurden. Diese Säule steht heute noch auf dem Marktplatz. Wie nun auch die Lesbier sahen, daß die anschließenden Schiffe sich davonmachten, folgten sie dem Beispiel der Samier. Und entsprechend handelte auch die Mehrzahl der Ioner.

(15) Unter denen, die in der Seeschlacht ausharrten, wurden die Chier am schlimmsten mitgenommen, da sie Heldentaten verrichteten und sich zu keiner feigen Handlung herbeiließen. Sie hatten ja, wie schon früher gesagt, hundert Schiffe gestellt und auf jedem von ihnen vierzig auserlesene Stadtbürger, die die Schiffsbesatzung bildeten. Wie sie aber die Masse der Bundesgenossen Verrat üben sahen, da hielten sie es nicht für richtig, es den Feiglingen unter diesen gleichzutun, sondern, mit wenigen Bundesgenossen allein gelassen, stießen sie immer wieder in der Seeschlacht so lange durch die feindliche Schiffslinie durch, bis sie zahlreiche Schiffe der Feinde genommen und die meisten der ihrigen verloren hatten.

(16) Die Chier flohen also mit ihren restlichen Schiffen nach Hause. Alle Schiffe der Chier, die dazu infolge ihrer Beschädigungen nicht imstande waren, flüchteten sich, als sie verfolgt wurden, in Richtung auf Mykale. Dort setzten sie die anderen Schiffe auf Land und verließen sie. Sie selbst marschierten auf dem Festland weiter. Als die Chier auf ihrem Marsch in das Gebiet von Ephesos einfielen – sie kamen bei Nacht an, und die Frauen feierten dort gerade das Thesmophorienfest[12] –, da nahmen die Ephesier, die vorher nicht gehört hatten, wie es um die Chier stand, und nun sahen,

daß ein Heerhaufen in ihr Land eingefallen war, mit aller Bestimmtheit an, daß es sich um Räuber handle, die es auf ihre Frauen abgesehen hätten. Sie rückten mit ihrem ganzen Heerbann aus und machten die Chier nieder.

(17) Einem solchen Schicksal fielen also diese anheim. Wie aber der Phokaier Dionysios erkannte, daß die Sache der Ioner verloren sei, fuhr er – er hatte drei feindliche Schiffe weggenommen – nicht mehr nach Phokaia, da er sich bewußt war, daß er mit den übrigen Ionern in Knechtschaft fallen würde. Er fuhr vielmehr, so wie er war, geradewegs nach Phoinikien, versenkte dort Kauffahrteischiffe, erbeutete große Reichtümer und segelte nach Sizilien weiter, von wo aus er sich als Seeräuber betätigte, allerdings gegenüber keinem einzigen Hellenen, wohl aber gegenüber Karthagern und Tyrsenern.

(18) Als die Perser über die Ioner in der Seeschlacht den Sieg errungen hatten, belagerten sie Milet von der Land- und der Seeseite. Sie untergruben die Mauern, brachten alle möglichen Belagerungsmaschinen heran und eroberten die Stadt in allen ihren Teilen im sechsten Jahr nach dem Abfall des Aristagoras. Sie machten die Einwohnerschaft zu Sklaven, so daß ihr Schicksal dem Orakelspruch entsprach, der Milet zuteil geworden war.

(19) Denn als die Argiver das Orakel in Delphi über die Rettung ihrer Stadt befragten, wurde ihnen ein zweiteiliger Orakelspruch verkündet. Der eine Teil bezog sich auf die Argiver selbst, während der Zusatz auf die Milesier gemünzt war. Den auf die Argiver selbst bezüglichen Teil werde ich dann erwähnen, wenn ich mit meinem Bericht an die entsprechende Stelle komme. Was aber den Orakelspruch für die Milesier, die nicht da waren, betrifft, so lautete er folgendermaßen:

Und dann sollst du, Milet, du Quell verderblicher Taten,
Vielen dienen zum Mahl und vielen zu herrlichen Gaben.
Deine Frauen waschen die Füße lockigen Männern.[13]
Unseren Tempel werden in Didyme andre besorgen.«

Dies ging nun damals für die Milesier in Erfüllung, als die meisten Männer von den Persern, die langes Haar tragen, getötet, Frauen und Kinder als Sklaven behandelt wurden, als der heilige Bezirk Didyma,[14] das Tempelhaus und die Orakelstätte, ausgeraubt und niedergebrannt wurden. Von den Schätzen, die sich in diesem Heiligtum befanden, habe ich schon oft anderwärts im Laufe der Erzählung berichtet.

(20) Die gefangenen Milesier wurden von dort nach Susa gebracht. Der Großkönig Dareios tat ihnen jedoch kein weiteres Leid an, sondern verpflanzte sie an das sogenannte Rote Meer[15], in die Stadt Ampe, an der der Tigris vorbeifließt, ehe er in das Meer mündet. Von dem milesischen Land hatten die Perser selbst die Gebiete, die rings um die Stadt lagen, in Besitz sowie die Ebene, während sie die höher gelegenen Gegenden den Karern aus Pedasos[16] als Besitz zuwiesen.

(21) Als die Milesier dieses Schicksal seitens der Perser erlitten hatten, vergalten ihnen die Sybariten, die, ihrer Stadt beraubt, Laos und Skidros[17] bewohnten, nicht Gleiches mit Gleichem. Als nämlich Sybaris von den Krotoniaten eingenommen wurde, da schor sich die ganze waffenfähige Mannschaft von Milet das Haupthaar und gab sich tiefer Trauer hin. Diese Städte waren so eng miteinander befreundet, wie wir es sonst von keiner anderen Stadt wissen. Ganz anders als die Sybariten machten es die Athener. Sie bezeugten ihre ungewöhnlich große Teilnahme an der Eroberung von Milet anderweitig vielfach, nicht zuletzt aber dadurch, daß sie bei der Aufführung eines Dramas *Einnahme von Milet*, das Phrynichos[18] gedichtet hatte, in Tränen ausbrachen und den Dichter mit einer Geldbuße von tausend Drachmen bestraften, weil er sie damit an ihr vaterländisches Unglück erinnert habe. Zugleich ordneten sie an, daß nie mehr jemand dieses Stück zur Aufführung bringen dürfe.

Auswanderung der Samier nach Sizilien und treulose Besetzung von Zankle

(22) Milet also war von Milesiern verlassen. Von den Samiern aber billigten diejenigen, die bei ihnen etwas zu sagen hatten, in keiner Weise die Handlungsweise ihrer Feldherren gegenüber den Medern. Sie hielten gleich nach der Seeschlacht eine Beratung ab und beschlossen, bevor der Tyrann Aiakes in ihr Land komme, zur Gründung einer Kolonie wegzufahren und nicht zu bleiben, um Medern und einem Aiakes als Sklaven zu dienen. Denn gerade zu dieser Zeit sandten die Einwohner von Zankle[19] aus Sizilien Boten nach Ionien und luden die Ioner ein, nach Kale akte[20] zu kommen, wo sie eine Stadt der Ioner zu gründen beabsichtigten. Dieses sogenannte Kale akte gehört den Sikelern und liegt an der Küste von Sizilien, die Tyrsenien zugewandt ist. Auf deren Einladung also machten sich die Samier allein von allen Ionern auf die Fahrt, und mit ihnen diejenigen von den Milesiern, die entronnen waren.
(23) Währenddessen trug sich folgende Begebenheit zu: Die Samier kamen auf ihrer Fahrt nach Sizilien zu den epizephyrischen Lokrern[21], und die Zanklaier mitsamt ihrem König, namens Skythes, belagerten eine Stadt der Sikeler, die sie einnehmen wollten. Dies erfuhr Anaxilaos, der Tyrann von Rhegion[22], und da er damals mit den Zanklaiern verfeindet war, trat er mit den Samiern in Unterhandlungen und suchte sie zu überzeugen, daß es notwendig sei, die Fahrt nach Kale akte aufzugeben und dafür Zankle zu besetzen, das eine menschenleere Stadt sei. Die Samier ließen sich überreden und besetzten Zankle. Da eilten jedoch die Zanklaier, als sie erfuhren, daß ihre Stadt besetzt sei, zu Hilfe und riefen noch Hippokrates, den Tyrannen von Gela, herbei. Dieser war ja ihr Bundesgenosse. Und als ihnen auch Hippokrates mit seinem Heer zu Hilfe kam, da legte Hippokrates den Skythes, den Herrscher der Zanklaier, unter der Beschuldigung, den Verlust der Stadt herbeigeführt zu haben, und auch seinen Bruder Pythogenes in Ketten und schickte sie in die

Stadt Inykos[23]; die übrigen Zanklaier lieferte er den Samiern auf Grund eines Übereinkommens unter gegenseitiger Eidesleistung aus. Als Belohnung war ihm von den Samiern zugesagt, er solle von der gesamten beweglichen Habe und von den Sklaven in der Stadt die Hälfte bekommen, alles aber, was sich draußen auf dem Lande befinde, solle dem Hippokrates zufallen. Die meisten der Zanklaier nun legte er in Fesseln und behielt sie als Sklaven, ihre führenden Männer aber, dreihundert an der Zahl, lieferte er den Samiern aus, die sie umbringen sollten. Freilich taten dies die Samier nicht.

(24) Skythes aber, der Herrscher der Zanklaier, flüchtete aus Inykos nach Himera[24]. Von dort erschien er in Asien und zog zu dem König Dareios hinauf. Und Dareios hielt ihn für den gerechtesten Mann von allen, die aus Hellas zu ihm hinauf gereist waren. Denn er bat sich von dem Großkönig aus, nach Sizilien zu reisen. Er kam nach Sizilien und kehrte von dort wieder zu dem Großkönig zurück. Dort blieb er, bis er in hohem Alter als wohlbegüterter Mann bei den Persern starb. Die Samier aber, die nun von den Medern nichts mehr zu fürchten hatten, hatten sich die so herrliche Stadt Zankle zugeeignet.

(25) Nach der Seeschlacht, die sich um Milet abgespielt hatte, führten die Phoiniker auf Befehl der Perser den Aiakes, den Sohn des Syloson nach Samos heim, weil er sich um sie sehr verdient gemacht und bedeutende Leistungen vollbracht habe. Und den Samiern wurden allein von allen, die von dem Großkönig abgefallen waren, weil sie in der Seeschlacht sich mit ihren Schiffen davongemacht hatten, weder ihre Stadt noch ihre Heiligtümer in Brand gesteckt. Unmittelbar nach der Einnahme von Milet besetzten die Perser Karien. Ein Teil der Städte beugte sich freiwillig unter das Joch, gegen die andern wurde mit Zwangsmaßnahmen vorgegangen.

(26) So geschah dies. Während aber der Milesier Histiaios bei Byzanz sich aufhielt und die Lastschiffe der Ioner, die aus dem Pontos ausliefen, kaperte, erhielt er die Nachricht, was mit Milet geschehen war. Er übertrug die Aufgaben am Hellespont dem Bisaltes aus Abydos, einem Sohn des Apollophanes, während er selbst mit den Lesbiern nach Chios fuhr. Als ihn die Besatzung von Chios nicht in die Stadt hereinließ, geriet er mit ihr in ein Handgemenge bei den sogenannten Koiloi, die zu dem Gebiet von Chios gehören. Von dieser machte er eine erhebliche Zahl nieder, und auch über die übrigen Chier, die ja schon in der Seeschlacht schlimm mitgenommen worden waren, wurde Histiaios mit seinen Lesbiern Herr, wobei er Polichne auf Chios zum Ausgangspunkt seiner Unternehmung machte.

(27) Es pflegen wohl Zeichen vorauszugehen, wenn einer Stadt oder einem Volk großes Unheil erwachsen soll. Auch den Chiern wurden zuvor bedeutungsvolle Zeichen zuteil. Zuerst, als sie einen Chor von hundert Jünglingen nach Delphi schickten, kehrten nur zwei von ihnen zurück. Die andern achtundneunzig erfaßte eine Seuche und raffte sie weg; sodann fiel in der Stadt um dieselbe Zeit, kurz vor der Seeschlacht, auf Kinder während des Schulunterrichtes das Dach herab, und von hundertundzwanzig Knaben kam ein einziger mit dem Leben davon. Diese Vorzeichen gab ihnen die Gottheit. Hernach kam es zu der Seeschlacht, die der Stadt den Todesstoß versetzte, wozu noch Histiaios mit seinen Lesbiern kam. Da die Chier schwer mitgenommen waren, war es ein leichtes für ihn, sie zu unterwerfen.

(28) Von dort zog Histiaios mit einem großen Aufgebot von Ionern und Aiolern gegen Thasos[25]. Wie er Thasos belagerte, erreichte ihn die Nachricht, daß die Phoiniker gegen das übrige Ionien von Milet ausfahren. Auf die Kunde hiervon läßt er Thasos unzerstört. Er selbst eilte nach Lesbos mit seiner gesamten Heeresmacht. Von Lesbos ging er, da sein Heer Hunger litt, auf das Festland hinüber, um in

Atarneus das Getreide abzumähen, das dortige wie auch das in der Kaikosebene[26], das den Mysern gehörte. In diesen Gegenden befand sich gerade der Perser Harpagos, der Feldherr eines nicht unansehnlichen Heeres. Nach der Landung kam es zum Kampfe mit diesem, wobei er den Histiaios selbst gefangennahm und den größten Teil seines Heeres vernichtete.

(29) Histiaios wurde gefangengenommen, und zwar auf folgende Weise: Als die Hellenen mit den Persern bei Malene in der Landschaft Atarneus kämpften, da standen die einen sich lange Zeit gegenüber, die Reiterei jedoch, die später losstürmte, fiel über die Hellenen her. So also spielte sich das Eingreifen der Reiterei ab. Als die Hellenen in die Flucht geschlagen waren, wollte Histiaios in der Hoffnung, er werde von dem Großkönig wegen des Vergehens, das er sich hatte zuschulden kommen lassen, nicht umgebracht werden, auf folgende Weise sein Leben retten. Auf der Flucht wird er von einem Perser eingeholt, und als er von diesem überwältigt wurde und erstochen werden sollte, gibt er sich in persischer Sprache zu erkennen als Histiaios von Milet.

(30) Wäre er nun als Gefangener zu dem König Dareios gebracht worden, wäre ihm nichts Schlimmes widerfahren, wie ich glaube, und er hätte ihm seine Schuld verziehen. So aber brachten ihn ebendeshalb, und damit er nicht entkomme und wiederum bei dem Großkönig ein großer Mann werde, Artaphernes, der Satrap von Sardes, und Harpagos, der ihn gefangengenommen hatte, nach Sardes, und als er dort angekommen war, ließen sie dort seinen Körper ans Kreuz schlagen und brachten seinen Kopf einbalsamiert zu König Dareios nach Susa. Dareios erfuhr dies und machte denen, die dies getan hatten, Vorwürfe, daß sie ihn nicht lebend vor ihn geführt hätten. Er gab ihnen den Auftrag, den Kopf des Histiaios zu waschen und schön zu schmücken und dann zu bestatten, da es sich um einen Mann handle, der sich als ein großer Wohltäter ihm und den Persern gegenüber erwiesen habe.

(31–42) Unterwerfung der Inseln und Städte am Hellespont. Die Herrschaft des Miltiades und seines Geschlechts auf der Chersones.

Das mißlungene Unternehmen des Mardonios gegen Hellas und das Scheitern seiner Flotte am Athos

(42) In diesem Jahre kam es seitens der Perser zu keinen weiteren Feindseligkeiten gegenüber den Ionern, vielmehr folgendes überaus Nützliche stellte sich für die Ioner in diesem Jahre ein. Artaphernes, der Satrap von Sardes, ließ Boten von den Städten kommen und zwang die Ioner, miteinander Verträge abzuschließen, damit sie sich beiderseitig auf das Recht stützten und einander nicht ausplünderten. Dazu zwang er sie. Dann ließ er ihre Ländereien auf der Grundlage der Parasangen[27] ausmessen – die Perser bezeichnen damit dreißig Stadien –, und als dies geschehen war, legte er jedem einzelnen Abgaben auf, die sie unverändert seit dieser Zeit fortwährend immer noch bis auf meine Zeit so tragen, wie sie von Artaphernes auferlegt worden waren. Sie wurden aber so ziemlich in der gleichen Höhe auferlegt, wie sie schon früher bestanden hatten. Und dies trug dazu bei, daß bei ihnen Frieden herrschte.

(43) Aber mit Frühlingsbeginn, als die anderen Feldherren von dem Großkönig abgesetzt waren, zog Mardonios, der Sohn des Gobrias, zum Meer hinunter. Er führte ein gar großes Landheer und eine große Flotte mit sich. Er stand noch in jungen Jahren und hatte erst kürzlich die Tochter des Königs Dareios, namens Artozostre, geheiratet. Als Mardonios mit diesem Heer in Kilikien war, schiffte er sich ein und ging mit den Schiffen auf Fahrt, während das Landheer andere Feldherren zum Hellespont führten. Als Mardonios an Asien vorbeifuhr und nach Ionien kam, da geschah etwas, was ich zum größten Staunen denen von den Hellenen erzählen will, die nicht glauben, daß Otanes den sieben Persern seine Meinung dahin kundgetan habe, es sei

für die Perser eine demokratische Regierungsform erforderlich. Mardonios setzte nämlich alle Tyrannen der Ioner ab und richtete demokratische Verfassungen in den Städten ein. Hernach eilte er zum Hellespont. Als eine große Menge Schiffe und auch ein großes Landheer versammelt war, fuhren sie über den Hellespont und marschierten durch Europa in Richtung auf Eretria und Athen.

(44) Diese beiden bildeten den Vorwand für den Kriegszug, in Wirklichkeit aber hatten sie im Sinne, möglichst viele griechische Städte zu unterwerfen. Sie unterwarfen also mit ihren Schiffen die Thasier[28], ohne daß diese auch nur einen Finger rührten, und mit dem Landheer gewannen sie zu den schon vorhandenen Sklaven die Makedonen hinzu. Denn alle Völkerschaften östlich der Makedonen waren ihnen bereits untertan. Von Thasos aus fuhren sie nun zum Festland hinüber, und entlang dem Festland kamen sie bis Akanthos[29], und von Akanthos fuhren sie um den Athos herum. Da überfiel sie während der Fahrt ein Nordsturm, gegen den nicht anzukommen war. Dieser fügte ihnen schwere Beschädigungen zu und ließ eine große Menge Schiffe am Athos stranden. Die Zahl der zerstörten Schiffe soll gegen dreihundert betragen haben, und mehr als zwanzigtausend Menschen sollen umgekommen sein. Da das dortige Meer um den Athos herum überaus reich an Tieren ist, wurden die einen von diesen Tieren gepackt[30] und verschlungen, die andern gegen die Felsen geschmettert, ein Teil von ihnen konnte nicht schwimmen und kam aus diesem Grunde um, wieder andere erlagen der Kälte. Ein solch schlimmes Schicksal erlitt die Flotte.

(45) Während nun Mardonios mit seinem Landheer in Makedonien lagerte, wurden sie bei Nacht von den thrakischen Brygern[31] überfallen. Viele wurden von den Brygern niedergemacht und Mardonios selbst verwundet. Freilich entgingen auch die Bryger nicht dem Schicksal, in die Knechtschaft der Perser zu fallen. Denn nicht eher zog Mardonios aus diesen Gegenden ab, als bis er sie unterworfen hatte. Allerdings führte er nach deren Unterwerfung das

Heer zurück, da er mit dem Landheer seitens der Bryger große Verluste erlitten hatte und auch mit der Flotte am Athos gescheitert war. Diese Kriegsmacht hatte also einen schmählichen Mißerfolg erlitten und zog sich nach Asien zurück.

Die politischen Verhältnisse in Hellas

(46–50) Unterwerfung von Thasos.
(51–60) Geschlecht und Ehrenrecht der spartanischen Könige.
(61–84) Streit zwischen Kleomenes und Demaratos. Die Absetzung des Demaratos und seine Flucht zu Dareios. Krieg mit Argos.

Krieg zwischen Athen und Aigina

(85) Als die Aigineten erfuhren, daß Kleomenes gestorben war, schickten sie Boten nach Sparta, um gegen Leotychides Klage zu erheben wegen der in Athen festgehaltenen Geiseln. Die Lakedaimonier ließen den Gerichtshof zusammentreten und erkannten zu Recht, daß den Aigineten von Leotychides Gewalt angetan sei, und fällten das Urteil, er solle ausgeliefert und nach Aigina gebracht werden als Sühne für das Festhalten der Männer in Athen. Als aber die Aigineten den Leotychides wegführen wollten, sagte zu ihnen Theasides, der Sohn des Leoprepes, der in Sparta ein angesehener Mann war: »Was wollt ihr tun, ihr Männer von Aigina? Wollt ihr den König der Spartaner, der euch von seinen Mitbürgern ausgeliefert ist, fortführen? Wenn auch jetzt die Spartiaten in ihrem Unmut einen solchen Beschluß gefaßt haben, so hütet euch, daß sie nicht später als Vergeltung für ein solches Tun schwerstes Verderben über euer Land bringen.« Als die Aigineten dies hörten, gaben sie den Plan auf, Leotychides wegzuführen, und trafen mit ihm eine Übereinkunft dahingehend, Leotychides solle sie nach

Athen begleiten und den Aigineten ihre Leute herausgeben.

(86) Als Leotychides nach Athen kam, forderte er die Herausgabe der Geiseln. Die Athener jedoch suchten Ausflüchte geltend zu machen und wollten sie nicht herausgeben, wobei sie erklärten, diese seien ihnen von beiden Königen in Verwahrung gegeben worden, und sie hielten es nicht für recht, sie dem einen allein auszuliefern. Als die Athener die Herausgabe verweigerten, sagte zu ihnen Leotychides folgendes: »Athener! Tut, was ihr wollt! Wenn ihr sie ausliefert, tut ihr, was heiliges Recht ist. Liefert ihr sie nicht aus, tut ihr das Gegenteil davon. Was aber in Sparta sich mit einem anvertrauten Gut zugetragen hat, diese Geschichte will ich euch erzählen. Im dritten Geschlecht vor mir, so berichtet man bei uns Spartiaten, hat in Lakedaimon Glaukon, der Sohn des Epikydes, gelebt. Dieser Mann, so erzählt man bei uns, hat in jeder Beziehung seine Mitbürger überragt, besonders aber stand er im besten Ruf wegen seiner Gerechtigkeit bei allen, die damals in Lakedaimon wohnten. Nun traf es sich für ihn im Verlaufe der Zeit, wie wir erzählen, daß ein Mann aus Milet nach Sparta kam mit dem Wunsche, sich mit ihm zu besprechen, und ihm folgenden Vorschlag machte: ›Ich bin ein Milesier und bin gekommen, um deine Gerechtigkeit, Glaukos, in Anspruch zu nehmen. Da man ja in ganz Hellas und besonders auch in Ionien viel von deiner Gerechtigkeit redete, überlegte ich bei mir, daß doch von jeher immer Ionien Gefahren birgt, während der Peloponnes sicher und gefestigt ist, und daß man niemals immer die gleichen Leute im Besitz von Vermögen sehen kann. Während ich nun dies überlegte und mit mir zu Rate ging, beschloß ich, die Hälfte meines ganzen Vermögens zu Geld zu machen und dies bei dir niederzulegen, in der Überzeugung, daß es bei dir sicher aufgehoben ist. Empfange also mein Geld und nimm diese Erkennungszeichen in Verwahrung! Wer diese besitzt und das Geld zurückfordert, dem gib es heraus!‹

Dies sagte der Fremdling, der aus Milet gekommen war.

Glaukos nahm das Pfand auf der Grundlage der getroffenen Abmachung. Es verstrich lange Zeit, und da kamen die Söhne des Mannes, der das Geld in Verwahrung gegeben hatte, nach Sparta. Sie verhandelten mit Glaukos, wiesen die Erkennungszeichen vor und forderten das Geld. Dieser aber wies sie ab, indem er ihnen folgende Antwort entgegenhielt: ›Ich erinnere mich nicht an die Sache, und nichts von dem, was ihr sagt, kann mich dahin bringen, etwas davon zu wissen. Ich will aber, wenn ich mich doch entsinne, volle Gerechtigkeit walten lassen. Wenn ich das Geld empfangen habe, will ich es auch richtig wieder herausgeben. Habe ich es aber überhaupt nicht erhalten, so will ich euch gegenüber die hellenischen Gesetze walten lassen. Ich gebe euch nun von heute an vier Monate Zeit, diese eure Forderung zu beweisen.‹

Die Milesier entfernten sich also tief bekümmert in der Annahme, des Geldes beraubt zu sein. Glaukos aber reiste nach Delphi, um das Orakel zu befragen. Als er nun das Orakel befragte, ob er durch einen Eid das Geld erbeuten solle, da fuhr ihn die Pythia mit folgenden Worten an:

Glaukos, du Sohn Epikydes', zwar jetzt wäre dies für dich besser,
Durch einen Eidschwur zu siegen und Geld zu gewinnen als Beute.
Schwör nur! Der Tod erwartet auch eidesverpflichtete Männer.
Aber es gibt einen Sohn des Eides; er hat weder Namen,
Hat weder Hände noch Füße. Doch hurtig dir folgt er, bis gänzlich
Er das Geschlecht vernichtet mitsamt dem Hause, dem ganzen.
Doch dem Geschlecht des Eidesgetreuen blüht glückliche Zukunft.

Als Glaukos dies hörte, bat er den Gott, ihm Verzeihung für seine Äußerungen zu gewähren. Die Pythia aber sagte, den

Gott versuchen und die Handlung ausgeführt zu haben, sei gleichbedeutend.
Glaukos läßt nun die Fremdlinge aus Milet kommen und gibt ihnen das Geld heraus. Weshalb ich euch aber, ihr Athener, diese Geschichte zu erzählen mich anschickte, das soll euch gesagt werden. Von Glaukos ist jetzt kein Abkömmling mehr vorhanden und auch kein Haus, das als ihm gehörig anerkannt wird, vielmehr ist sein Geschlecht mit der Wurzel in Sparta ausgerottet. So ist es gut, bei einem Pfand ja nichts anderes zu denken, als es, falls es zurückgefordert wird, auch wirklich herauszugeben.« Leotychides sagte dies, und als die Athener auch so nicht auf ihn hörten, entfernte er sich.
(87) Noch ehe aber die Aigineten für die Ungerechtigkeiten, die sie sich den Thebanern zuliebe früher in ihrer Vermessenheit hatten zuschulden kommen lassen, Genugtuung geleistet hatten, taten sie folgendes. In ihrem Groll auf die Athener und in der Annahme, ihnen geschehe Unrecht, rüsteten sie sich zur Rache an den Athenern. Nun feierten die Athener ein alle fünf Jahre wiederkehrendes Fest bei Sunion.[32] Die Aigineten lauerten dem Festschiff[33] auf und nahmen es mit vielen der vornehmsten Athener weg. Sie ergriffen die Männer und legten sie in Fesseln.
(88) Die Athener, denen dies von den Aigineten zugefügt wurde, zögerten nun nicht mehr länger und boten alles, was in ihrer Macht stand, gegen die Aigineten auf. Es lebte bei den Aigineten Nikodromes, der der Sohn des Knoithos genannt wurde. Dieser war gegen die Aigineten erbittert, weil er früher einmal aus der Insel ausgewiesen worden war. Als er jetzt erfuhr, daß die Athener sich vorgenommen hätten, den Aigineten Böses anzutun, verabredet er sich mit den Athenern, um Verrat an Aigina zu üben, und teilt ihnen mit, an welchem Tage er losschlagen werde und an welchem jene zu Hilfe kommen müßten. Hernach besetzt entsprechend den Verabredungen mit den Athenern Nikodromos die sogenannte Altstadt. Die Athener aber erschienen nicht zu dem verabredeten Zeitpunkt.

(89) Sie verfügten nämlich nicht über genügend Schiffe, um den Aigineten in einer Schlacht gewachsen zu sein. Während sie nun die Korinther baten, ihnen Schiffe zu stellen, scheiterte das ganze Unternehmen. Die Korinther gaben – sie standen damals in enger Freundschaft zu den Athenern – diesen auf ihre Bitte zwanzig Schiffe, gegen Erstattung von je fünf Drachmen. Es war nämlich gesetzlich nicht erlaubt, die Schiffe als Geschenk zu geben. Diese nahmen nun die Athener zu den ihrigen hinzu und bemannten im ganzen siebzig Schiffe. Mit diesen fuhren sie gegen Aigina, kamen aber einen Tag später, als verabredet war.
(90) Als die Athener zu dem verabredeten Zeitpunkt nicht erschienen, bestieg Nikodromos ein Fahrzeug und entfloh aus Aigina, wobei sich ihm auch andere Aigineten anschlossen. Ihnen wiesen die Athener Sunion als Wohnsitz an. Von diesem Stützpunkt aus suchten sie auf ihren Plünderungszügen die Aigineten auf ihrer Insel heim.
(91) Dies also geschah erst später. Die Adelskreise von Aigina gewannen, als das Volk sich gegen sie erhob, zusammen mit Nikodromos die Oberhand, und als sie die Aufständischen überwältigt hatten, führten sie diese aus der Stadt hinaus, um sie umzubringen. Davon rührte auch eine Blutschuld her, die sie auf sich luden und die sie durch Opfer nicht zu sühnen vermochten, so sehr sie sich auch hinterher bemühten. Vielmehr wurden sie eher aus der Insel vertrieben, als die Göttin sich ihnen versöhnlich zeigte. Denn sie hatten, wie gesagt, hundert Männer aus dem Volke gefangengenommen und aus der Stadt zum Tode geführt. Nur einer von ihnen war seinen Fesseln entronnen und zu dem Vorhof des Tempels der Gesetzgeberin Demeter geflüchtet, wo er die Türringe ergriff und sich an ihnen festhielt. Als sie ihn trotz allem Ziehen nicht wegreißen konnten, hatten sie ihm die Hände abgehauen und ihn so weggeführt, aber seine Hände waren mit den Türringen wie festgewachsen geblieben.[34]
(92) Dies also taten die Aigineten sich selbst an. Als die Athener angelangt waren, lieferten sie ihnen eine Seeschlacht

und setzten dabei siebzig Schiffe ein. Sie unterlagen in dieser Seeschlacht und riefen wieder, wie früher, die Argiver zu Hilfe. Aber diese leisteten ihnen nun keine Hilfe mehr. Sie waren empört, daß Schiffe von Aigina, die von Kleomenes aufgebracht worden waren, wenn auch unter Zwang, gegen Argolis Kurs genommen hatten und zusammen mit den Lakedaimoniern gelandet waren. Es waren aber dabei auch von Sikyonischen Schiffen Männer an Land gegangen. Und es wurde ihnen von den Argivern als Buße auferlegt, tausend Talente zu bezahlen, je fünfhundert für jeden Teil. Die Sikyonier gaben nun zwar zu, Unrecht begangen zu haben, und schlossen ein Abkommen, wonach sie gegen Bezahlung von hundert Talenten ihre Strafe gebüßt hätten, die Aigineten aber wollten sich zu keiner Einsicht verstehen, ja zeigten sich nur noch anmaßender. Deshalb also kam ihnen von Staats wegen kein einziger Argiver mehr zu Hilfe, sondern nur etwa tausend Freiwillige. Sie führte als Feldherr Eurybates, ein im Fünfkampf[35] erprobter Mann. Die Mehrzahl von ihnen kehrte nicht mehr heim, sondern wurde auf Aigina von den Athenern niedergemacht. Dabei verlegte sich ihr Feldherr Eurybates auf einen Zweikampf, bei dem er drei Gegner erledigte, während er von dem vierten, dem Sophanes aus Dekeleia,[36] erschlagen wurde. Die Aigineten griffen die Athener, die ohne Ordnung waren, mit ihren Schiffen an und besiegten sie. Vier von ihren Schiffen erbeuteten sie mitsamt der Mannschaft.

(93) Die Athener waren also mit den Aigineten in einen Krieg verwickelt...

Der Zug des Datis und Artaphernes gegen Eretria und Athen

(94) Der Perserkönig aber traf unterdessen seine Maßnahmen. Sein Diener erinnerte ihn ja immer daran, der Athener zu gedenken, und die Peisistratiden setzten ihm fortwährend zu und verleumdeten die Athener. Auf diesen Vorwand stützte sich denn auch Dareios bei seinem Wunsche, diejeni-

gen in Hellas zu unterwerfen, die ihm nicht Wasser und Erde gegeben hatten. Den Mardonios nun, der mit seinem Kriegszug gescheitert war, setzte er als Feldherrn ab. Er ernannte andere zu Feldherrn und schickte sie gegen Eretria und Athen, den Datis, einen Meder von Geburt, und Artaphernes, den Sohn des Artaphernes, seinen Neffen. Er gab ihm für den Kriegszug den Auftrag mit, Athen und Eretria zu unterwerfen und die Einwohner als Sklaven ihm vorzuführen.

(95) Als diese von dem Großkönig ernannten Feldherren auf ihrem Kriegszug in der Aleischen Ebene in Kilikien[37] ankamen und ein zahlreiches, wohl ausgerüstetes Landheer mitbrachten, da erschien auch die gesamte Flotte, mit den Kontingenten, die jeder einzelnen Stadt auferlegt worden waren, und es stellten sich auch die Transportschiffe für die Pferde ein, deren Bereitstellung Dareios in dem vergangenen Jahr seinen tributpflichtigen Völkerschaften anbefohlen hatte. Sie luden die Pferde in diese ein, ließen das Landheer die übrigen Schiffe besteigen und fuhren mit sechshundert Trieren gegen Ionien. Von dort aber nahmen sie nicht Kurs entlang dem Festland geradeswegs auf den Hellespont und auf Thrakien zu, sondern von Samos aus fuhren sie an Ikaros[38] vorbei durch die Inseln hindurch. Sie fürchteten dabei, wie mir scheint, hauptsächlich die Fahrt um den Athos herum, weil sie im vergangenen Jahr auf diesem Fahrtweg schwere Verluste erlitten hatten. Dazu kam, daß auch Naxos sie zu diesem Weg zwang, das früher nicht erobert worden war.[39]

(96) Als sie aber aus dem Ikarischen Meer heranfuhren und in Naxos landeten (denn Naxos hatten sich die Perser als erstes Feldzugsziel vorgenommen), da flohen die Naxier in Erinnerung an die früheren Erlebnisse in die Gebirgsgegend und leisteten keinen Widerstand. Aber alle Naxier, die von den Persern eingeholt wurden, machten sie zu Sklaven und brannten die Heiligtümer und die Stadt nieder. Darauf stachen sie wieder in See, um sich gegen die andern Inseln zu wenden.

(97) Währenddessen verließen auch die Delier Delos und flohen nach Tenos[40]. Als aber die Flotte einlief, fuhr Datis voraus und ließ die Schiffe nicht an der Insel vor Anker gehen, sondern auf der gegenüberliegenden Insel Rhenaia[41]. Da erfuhr er, wo die Delier waren, und schickte einen Herold, der ihnen folgendes verkündigte: »Ihr heiligen Männer! Wozu begebt ihr euch auf die Flucht und unterstellt mir, ich hege unbillige Absichten euch gegenüber? Ich bin doch meinerseits so weit bei gesundem Verstande, und so lautet auch der Auftrag, den ich von dem Großkönig erhalten habe, das Land, in dem die beiden Götter[42] geboren sind, keinesfalls heimzusuchen, weder das Land noch seine Bewohner. Jetzt also kehret in eure Heimat zurück und bewohnet weiterhin eure Insel.« Dies war die Botschaft, die er den Deliern verkündigen ließ. Dann ließ er dreihundert Talente Räucherwerk[43] auf dem Altar aufschichten und verbrennen.
(98) Als nun Datis dies getan hatte, fuhr er zuerst mit seiner Flotte gegen Eretria, wobei Ioner und Aiolier mitzogen. Als er von dort abgezogen war, wurde Delos durch ein Erdbeben erschüttert. Es war dies, wie die Delier sagten, das erste und letzte Erdbeben bis auf meine Zeit.[44] Und mit diesem Zeichen kündigte wohl der Gott den Menschen künftiges Unheil an. Denn unter Dareios, dem Sohn des Hytaspes, und Xerxes, dem Sohn des Dareios, und Artaxerxes, dem Sohn des Xerxes, unter diesen drei Generationen nacheinander geschah Hellas mehr Unheil als in zwanzig anderen Generationen, die vor Dareios gelebt haben. Zum Teil waren die Quelle dieses Unheils eben die Perser, zum Teil aber auch die führenden Mächte in Hellas, die um die Vorherrschaft Krieg führten. So war es nichts Unnatürliches, daß über Delos ein Erdbeben kam, das bisher von keinem erschüttert worden war. Und in einem Orakelspruch war über Delos folgendes geschrieben: »Beben soll mir auch Delos, das bisher niemals erbebte.« Es bedeuten aber in griechischer Sprache diese Namen: Dareios: der Abwehrende; Xerxes: der Krieger; Artaxerxes: der große

Krieger. So dürften also die Hellenen in ihrer eigenen Sprache diese Könige richtig bezeichnen.

(99) Wie aber die Barbaren von Delos abfuhren, nahmen sie Kurs auf die Inseln. Von dort nahmen sie ein Truppenkontingent mit und ließen sich als Geiseln Kinder der Inselbewohner stellen. Sie fuhren bei den Inseln herum und landeten auch auf Karystos[45] (die Karystier wollten ihnen nämlich keine Geiseln stellen und weigerten sich, gegen ihre Nachbarstädte zu Felde zu ziehen, womit sie Eretria und Athen meinten), sie belagerten die Karystier und verheerten deren Land so lange, bis auch die Karystier sich dem Willen der Perser fügten.

(100) Die Eretrier erfuhren, daß das persische Heer gegen sie heranfuhr, und baten die Athener, ihnen zu Hilfe zu kommen. Die Athener lehnten die Hilfesendung nicht ab, sondern stellten ihnen die vierhundert Ansiedler, die den Grundbesitz der chalkidischen Rossezüchter ausgelost hatten,[46] als Hilfstruppe zur Verfügung. Von den Eretriern war es sichtlich kein vernünftiger Beschluß, wenn sie die Athener herbeiholten. Sie waren in der Auffassung von der Lage in zwei Parteien gespalten. Die eine erwog, die Stadt zu verlassen und in das euboiische Gebirgsland zu flüchten, andere unter ihnen trafen in der Erwartung, von den Persern persönlichen Gewinn davonzutragen, Vorbereitungen zum Verrat. Aischines aber, der Sohn des Nothon, der eine führende Rolle unter den Eretriern spielte und in die beiderseitigen Absichten eingeweiht war, schilderte den Athenern, wie sie ankamen, die ganze augenblickliche Lage und fügte die Bitte hinzu, sie möchten in ihr Land abziehen, damit sie nicht mit ihnen in das Verderben sich stürzten. Die Athener folgten diesem Rat des Aischines.

(101) Sie fuhren nach Oropos hinüber und brachten sich dadurch in Sicherheit. Die Perser aber fuhren weiter und landeten im Gebiet von Eretria bei Tamynai, Choireai und Aigilia. Unmittelbar nach der Landung an diesen Orten luden sie Pferde aus und trafen ihre Vorbereitungen zur Begegnung mit den Feinden. Die Eretrier aber konnten sich

nicht dazu entschließen, auszurücken und eine Schlacht zu liefern, vielmehr war ihre Sorge darauf gerichtet, ob sie die Mauern schützen könnten, nachdem sich die Ansicht durchgesetzt hatte, man sollte die Stadt nicht verlassen. Als sich aber ein starker Angriff gegen die Befestigung richtete, gab es im Verlauf von sechs Tagen auf beiden Seiten schwere Verluste. Am siebten Tag verrieten Euphorbos, der Sohn des Alkimachos, und Philargos, der Sohn des Kyneos, beide in der Bürgerschaft hochangesehene Männer, die Stadt an die Perser. Diese drangen in die Stadt ein, plünderten die Heiligtümer und verbrannten sie zur Vergeltung für die in Sardes in Asche gelegten Heiligtümer, und zugleich machten sie die Bevölkerung entsprechend den Anweisungen des Dareios zu Sklaven.

(102) Nach der Unterwerfung von Eretria warteten sie einige Tage und fuhren dann nach Attika weiter. Sie versetzten die Athener in große Bedrängnis und gedachten ihnen das gleiche Schicksal zu bereiten wie auch den Eretriern, und da Marathon der geeignetste Raum in Attika für eine Reiterschlacht war und Eretria am nächsten lag, führte sie dorthin Hippias, der Sohn des Peisistratos.

Die Schlacht bei Marathon

(103) Wie die Athener dies erfuhren, rückten sie auch ihrerseits nach Marathon aus. Zehn Feldherren[48] führten sie, der zehnte war Miltiades, dessen Vater Kimon, der Sohn des Stesagoras, das Geschick betroffen hatte, aus Athen von Peisistratos, dem Sohn des Hippokrates, verbannt zu werden. Ihm gelang es, während er in der Verbannung lebte, mit einem Viergespann in Olympia den Sieg zu erringen, und zwar den gleichen Sieg, den schon sein Halbbruder Miltiades davongetragen hatte. Als er hernach in dem folgenden olympischen Fest mit den gleichen Pferden noch einmal siegte, überließ er dem Peisistratos die Ehre, als Sieger ausgerufen zu werden, und auf der Grundlage des Verzich-

tes auf den Sieg erwirkte er sich die vertraglich gesicherte Rückkehr in seine Heimat. Als er mit den gleichen Pferden noch einmal einen olympischen Sieg errang, ereilte ihn der Tod von den Händen der Söhne des Peisistratos, der selbst nicht mehr am Leben war. Diese ließen ihn in der Nähe des Prytaneion[49] durch Männer umbringen, die ihm bei Nacht auflauerten. Kimons Grab liegt vor der Stadt, jenseits der »Hohlweg« genannten Straße; ihm gerade gegenüber sind die Pferde begraben, die die drei olympischen Siege errungen hatten. Es haben auch andere Pferde schon die gleiche Leistung vollbracht, nämlich die des Lakoners Euagoras. Aber außer diesen gibt es keine. Der ältere der Söhne des Kimon war also Stesagoras, der damals bei seinem Onkel Miltiades in der Chersones aufwuchs, während der jüngere eben bei Kimon in Athen lebte. Er hatte von Miltiades, dem Besiedler der Chersones, den Namen Miltiades erhalten.

(104) Dieser Miltiades nun war damals von der Chersones gekommen und führte, nachdem er zweimal dem Tode entronnen war, das Feldherrnamt über die Athener. Zuerst gaben sich die Phoiniker, die ihn bis Imbros verfolgten, alle Mühe, ihn in ihre Hände zu bekommen, um ihn zum Großkönig zu verbringen, und sodann, als er diesen entronnen und in seine Heimat gekommen war und glaubte, nunmehr in Sicherheit zu sein, da nahmen ihn seine Feinde in Empfang, zogen ihn vor Gericht und strengten gegen ihn eine Klage wegen tyrannischen Verhaltens an. Aber auch diesen entrann er, und so kam es, daß er zum Feldherrn der Athener ernannt wurde, und zwar durch Wahl der Volksgemeinde.

(105) Zuerst blieben die Feldherren noch in der Stadt und sandten nach Sparta als Herold den Pheidippides, einen Athener, der den Beruf eines Schnelläufers ausübte. Diesem nun – so erzählte er selbst und meldete es den Athenern – begegnete bei dem Parthenion-Gebirge[50] oberhalb Tegea Pan. Dieser habe Pheidippides bei Namen angerufen und ihm befohlen, den Athenern die Frage zu überbringen, warum sie sich um ihn überhaupt nicht kümmern, wo er

ihnen doch wohlgesinnt sei, sich ihnen schon vielfach nützlich erwiesen habe und es auch fernerhin so halten werde. Und die Athener errichteten, da sich die Lage nunmehr für sie günstig entwickelte, im Vertrauen auf die Wahrheit dieses Berichtes am Fuße der Akropolis ein Heiligtum des Pan,[51] und sie versöhnten ihn auf Grund dieser Botschaft durch jährliche Opfer und einen Fackellauf.

(106) Damals wurde dieser Pheidippides von den Feldherren abgeschickt, wobei also auch, wie er behauptete, Pan erschienen sei, und er gelangte am zweiten Tag von der Stadt der Athener in Sparta an. Dort angekommen, wurde er vor die Behörden geführt und sagte folgendes: »Lakedaimonier! Die Athener bitten euch, ihnen zu helfen und es nicht geschehen zu lassen, daß die älteste Stadt unter den Hellenen in die Knechtschaft barbarischer Männer fällt. Schon ist ja Eretria geknechtet und Hellas um eine namhafte Stadt schwächer geworden.« Dies verkündigte er ihnen also entsprechend seinem Auftrag, und die Lakedaimonier beschlossen, den Athenern zu Hilfe zu kommen. Nur war es ihnen unmöglich, dies unverzüglich zu tun, da sie gegen das Gesetz nicht verstoßen wollten. Denn es war erst der neunte Tag seit Monatsbeginn, am neunten Tag aber, erklärten sie, würden sie nicht ausrücken; der Mondkreis müßte erst voll sein.

(107) Sie warteten also den Vollmond ab, während indessen Hippias, der Sohn des Peisistratos, die Barbaren nach Marathon führte.[52] In der vorhergehenden Nacht hatte er im Schlaf folgendes Gesicht gehabt. Es kam dem Hippias vor, als schlafe er bei seiner eigenen Mutter. Er schloß nun aus dem Traum, er werde nach Athen zurückkehren, die Herrschaft wiedergewinnen und betagt in seiner Heimat sein Leben beschließen. So deutete er also das Traumbild. Damals aber stellte er sich einerseits als Wegweiser zur Verfügung und brachte die versklavten Bewohner von Eretria nach der Insel der Styreer, die den Namen Aigileia[53] hat. Zum andern geleitete er die Schiffe nach Marathon und ließ sie dort vor Anker gehen. Als die Barbaren an Land gegan-

gen waren, stellte er sie zur Schlacht auf. Und wie er damit beschäftigt war, mußte er ungewöhnlich stark niesen und husten, so daß ihm, der ein älterer Mann war, die Mehrzahl der Zähne wackelten. Und einen von diesen Zähnen verliert er infolge dieses heftigen Hustenanfalls. Er fiel in den Sand, und Hippias gab sich viele Mühe, ihn wiederzufinden. Als sein Zahn nicht wieder zum Vorschein kam, seufzte er auf und sagte zu seiner Umgebung: »Dieses Land hier gehört nicht uns, und wir werden es uns auch nicht untertänig machen können. Den Teil, der davon mir zugehörig war, nimmt nun der Zahn ein.«

(108) Hippias also schloß, daß auf diese Weise das Traumgesicht in Erfüllung gegangen sei. Den Athenern, die in dem heiligen Bezirk des Herakles aufgestellt waren, kamen die Plataier mit ihrem gesamten Aufgebot zu Hilfe. Die Plataier hatten sich ja schon früher unter den Schutz der Athener gestellt, und die Athener hatten schon vielfache Mühsal für sie auf sich genommen. Mit dieser Unterstellung unter die Athener verhielt es sich folgendermaßen: Als die Plataier von den Thebanern bedrängt wurden, wollten sie sich zuerst unter den Schutz des Kleomenes, des Sohnes des Anaxandrides, und der Lakedaimonier, die gerade in der Nähe waren, stellen. Diese machten von dem Anerbieten keinen Gebrauch und sagten ihnen folgendes: »Wir wohnen zu weit weg, und für euch würde eine solche Hilfe eine gar frostige Angelegenheit. Ihr würdet ja vielfach zu Sklaven gemacht, noch ehe einer von uns etwas davon erfahren hätte. Wir raten euch aber, euch unter den Schutz der Athener zu stellen, unter Männer, die eure Nachbarn und nicht unfähig sind, euch zu helfen.« Dies rieten die Lakedaimonier. Dabei bestimmte sie nicht so sehr das Wohlwollen gegenüber den Plataiern wie der Wunsch, die Athener möchten sich mit den Boiotern verfeinden und dadurch in ernstliche Schwierigkeiten kommen. Das war also der Rat, den die Lakedaimonier den Plataiern gegeben hatten. Die Plataier lehnten ihn nicht ab, sondern, als die Athener den zwölf Göttern Opfer darbrachten, setzten sie sich als Schutzflehende an den Altar

und stellten sich damit unter ihren Schutz. Die Thebaner erfuhren dies und zogen gegen die Plataier zu Felde, denen die Athener zu Hilfe kamen. Und als sie eben zur Schlacht antreten wollten, da ließen dies die Korinther, die gerade da waren, nicht zu, sondern brachten unter beiderseitigem Einverständnis eine Versöhnung zustande. Sie setzten die Grenzen des Landes nach folgender Bestimmung fest: die Thebaner sollten diejenigen, die nicht zu den Boiotern gerechnet werden wollten, unbehelligt lassen. Die Korinther zogen nun, nachdem sie diesen Schiedsspruch gefällt hatten, ab. Als aber die Athener abzogen, wurden sie von den Boiotern angegriffen, die jedoch dabei in der Schlacht den kürzeren zogen. Die Athener überschritten die Grenzen, die die Korinther als verbindlich für die Plataier festgesetzt hatten, und machten darauf den Asopos selbst und Hysias[54] zur Grenze zwischen den Thebanern und Plataiern. Es hatten sich also die Plataier auf die besagte Weise unter den Schutz der Athener gestellt, und sie waren damals nach Marathon zu Hilfe gekommen.

(109) Aber die Meinungen der athenischen Feldherren waren geteilt. Die einen wollten es nicht zu einem Zusammenstoß kommen lassen, da sie zu schwach seien, um sich mit dem medischen Heere zu messen, während die anderen und auch Miltiades dazu rieten. Bei diesen geteilten Meinungen gewann jedoch die schlechtere die Oberhand. Es gab noch einen elften Stimmberechtigten, dem durch das Bohnenlos[55] das Amt eines Polemarchen bei den Athenern zugefallen war. Seit alters hatten nämlich die Athener dem Polemarchen das gleiche Stimmrecht zugeteilt wie den Strategen, und damals war Kallimachos aus Aphidnai Polemarch. An diesen wandte sich nun Miltiades und sagte: »In deiner Hand, Kallimachos, liegt es jetzt, entweder Athen in Knechtschaft zu versetzen oder zu befreien und damit dir ein Andenken zu hinterlassen, solange überhaupt Menschen leben, wie es nicht einmal Harmodios und Aristogeiton hinterlassen haben. Denn jetzt kommen ja die Athener in die größte Gefahr seit dem Beginn ihres Bestehens. Und wenn

sie jetzt vor den Medern den Nacken beugen, so steht das Schicksal fest, das ihnen bereitet wird, wenn sie in die Hände des Hippias fallen. Bleibt aber diese Stadt in dem Kampf Sieger, dann ist sie imstande, die erste unter den hellenischen Städten zu werden. Auf welche Weise sich nun dies verwirklichen läßt und inwieweit es auf dich gerade ankommt, die Entscheidung über diese Dinge zu treffen, das will ich dir jetzt kundtun. Wir sind zehn Feldherren und sind in unseren Meinungen geteilt. Die einen raten zur Schlacht, die anderen widerraten sie. Wenn wir uns nun nicht zur Schlacht stellen, so befürchte ich, daß irgendwie schwere Zwietracht sich erhebt und die Stimmung der Athener so erschüttert, daß sie es mit den Medern halten. Wenn wir uns aber zur Schlacht entschließen, ehe sich bei einigen Athenern auch nur eine schwache Stelle zeigt, dann sind wir, sofern sich die Götter unparteiisch zeigen, in der Lage, in der Schlacht die Oberhand zu gewinnen. Dies alles liegt nun in deiner Hand und hängt von dir ab. Wenn du nämlich meiner Ansicht beitrittst, dann ist fürwahr das Vaterland frei und ist die erste Stadt in Hellas. Wenn du dich aber zu der Meinung derer bekennst, die von der Schlacht abraten, wirst du von den Vorteilen, die ich eben aufgezählt habe, gerade das Gegenteil erreichen.«

(110) Mit diesen Worten gewinnt Miltiades den Kallimachos für sich. Mit dem Hinzukommen der Stimme des Polemarchen war die Entscheidung für die Schlacht gefallen. Darauf überließen die Feldherren, deren Stimme der Schlacht gegolten hatte, an dem Tag, an dem jedem die Führung des Oberbefehls zugekommen wäre, diesen dem Miltiades. Dieser nahm es zwar an, ließ es aber noch zu keiner Schlacht kommen, ehe an ihn selbst die Reihe des Oberbefehls kam.

(111) Als aber die Reihe an ihn kam, da stellten sich die Athener folgendermaßen zur Schlacht auf: Auf dem rechten Flügel befehligte der Polemarch Kallimachos. Denn es bestand damals bei den Athenern die Sitte, daß der Polemarch den rechten Flügel befehligte.[56] Unter dessen Füh-

rung folgten in der üblichen Zählung die Phylen, dicht nebeneinander.[57] Zuletzt stellten sich auf dem linken Flügel die Plataier auf. Seit dieser Schlacht spricht ja, wenn die Athener Opfer bei der alle fünf Jahre stattfindenden Festversammlung[58] darbringen, der athenische Herold das Gebet, es möchte zugleich den Athenern und Plataiern Heil widerfahren. Als sich die Athener damals bei Marathon aufstellten, ergab sich folgendes Bild:[59] Die Linie der athenischen Aufstellung wurde in ihrer Länge der des medischen Heeres angeglichen, während das Zentrum nur wenige Glieder tief war. Hier war die schwächste Stelle des Heeres, während die beiden Flügel massierte Stärke aufwiesen.

(112) Als die Aufstellung beendet war und die Opfer gut ausfielen, wurde den Athenern das Signal zum Angriff gegeben, und sie stürmten auf die Barbaren im Laufschritt ein. Das Zwischenfeld betrug nicht weniger als acht Stadien.[60] Die Perser sahen sie im Laufschritt heranstürmen und trafen ihre Maßnahmen, sie zu empfangen. Sie hielten das Beginnen der Athener für Wahnsinn, der nur deren gänzliche Vernichtung zur Folge haben könne, angesichts dessen, daß sie eine Minderzahl darstellten und diese im Laufschritt heraneilte, ohne über Reiterei oder Bogenschützen zu verfügen. Solchen Vermutungen gaben sich also die Barbaren hin. Als aber die Athener, Mann neben Mann, mit den Barbaren handgemein wurden, bewährten sie sich rühmlich im Kampfe. Denn sie waren die ersten von allen Hellenen, soweit wir wissen, die beim Ansturm auf die Feinde den Laufschritt anwandten, und sie waren auch die ersten, die beim Anblick von medischer Kleidung und von Männern, die in dieser Kleidung auftraten, standhielten. Bis dahin jagte den Hellenen schon der Name Meder Schrecken ein.

(113) Der Kampf bei Marathon zog sich lange hin. Im Zentrum des Heeres, wo die Perser selbst und die Saken[61] aufgestellt waren, siegten die Barbaren. Hier also waren die Barbaren die Sieger; es gelang ihnen ein Durchbruch, worauf sie die Verfolgung landeinwärts ausdehnten. Auf beiden Flügeln aber errangen die Athener und Plataier den Sieg; sie

nützten aber ihren Sieg nicht aus und ließen den geschlagenen Teil der Barbaren fliehen. Vielmehr führten sie die beiden Flügel zusammen und kämpften mit den Feinden, die durch das Zentrum durchgebrochen waren. So errangen die Athener den Sieg. Die fliehenden Perser verfolgten sie und hieben sie nieder, bis sie zum Meer gelangten, wo sie Fackeln verlangten und Hand an die Schiffe legten.

(114) In diesem Ringen wird der Polemarch Kallimachos nach heldenmütigem Kampfe erschlagen. Es fielen von den Feldherren Stesilaos, der Sohn des Thrasylos. Dem Kynegeiros, dem Sohn des Euphorion,[62] wird in dem Augenblick, da er die Verzierungen eines Schiffes[63] angefaßt hatte, mit einem Beil die Hand abgehauen, und er fällt. Mit ihm fallen viele andere namhafte Athener.

(115) Sieben Schiffe bekamen nun die Athener auf solche Weise in ihre Hand, mit den übrigen stachen die Barbaren in See, nahmen die Sklaven von Eretria von der Insel, auf der diese zurückgelassen worden waren, mit und fuhren um Sunion herum in der Absicht, noch vor den Athenern in der Stadt anzukommen. Es hat sich bei den Athenern die Beschuldigung erhalten, sie seien von den Alkmaioniden angestiftet auf diesen Gedanken gekommen. Diese hätten nämlich mit den Persern eine Verabredung getroffen und diesen, als sie bereits auf den Schiffen waren, einen Schild gezeigt.[64]

(116) Sie fuhren also um Sunion herum. Die Athener aber eilten, so schnell sie ihre Füße trugen, zur Stadt und kamen dort an, noch ehe die Barbaren dort erschienen waren. Sie kamen von dem Herakleion bei Marathon und lagerten sich nun in einem anderen Herakleion, nämlich dem im Kynosarges[65]. Als die Barbaren mit ihren Schiffen auf hoher See gegenüber Phaleron – dies war damals der Hafenplatz von Athen – angekommen waren, gingen sie dort vor Anker und fuhren dann wieder nach Asien zurück.

(117) In dieser Schlacht bei Marathon fielen von den Barbaren gegen sechstausendvierhundert Mann, von den Athenern einhundertundzweiundneunzig. Dies waren die Verlu-

ste auf beiden Seiten. Es ereignete sich aber dort folgendes wunderbare Begebnis: Ein Athener, namens Epizelos, der Sohn des Kuphagoras, der in dem Handgemenge sich als tapferer Kämpfer bewährte, sei seines Augenlichtes beraubt worden, ohne an irgendeiner Stelle seines Körpers einen Hieb oder Stich erhalten zu haben, und sei für den Rest seines Lebens seit dieser Zeit blind gewesen. Wie ich gehört habe, hat er selbst über dieses Unglück folgende Geschichte verbreitet. Es sei ihm so vorgekommen, als ob ein großer, schwerbewaffneter Soldat, dessen Bart den ganzen Schild beschattete, ihm entgegengetreten sei. Diese Erscheinung sei zwar an ihm vorübergegangen, habe aber seinen Nebenmann getötet. Dies hat also, wie ich erfahren habe, Epizelos erzählt.

Rückzug des Datis. Ankunft der Spartaner in Marathon

(118) Als Datis mit seinem Heere nach Asien zurückkehrte und in Mykonos[66] ankam, sah er im Schlaf ein Traumgesicht. Was dies für ein Traumgesicht war, wird nicht berichtet. Er veranstaltete aber, sobald das Tageslicht erschien, eine Durchsuchung der Schiffe, und als er auf einem phoinikischen Schiffe ein vergoldetes Standbild des Apollon fand, forschte er nach, woher es geraubt sei. Er erfuhr, aus welchem Heiligtum es stammte, und fuhr mit seinem Schiff nach Delos. Es waren nämlich damals die Delier schon wieder auf ihre Insel zurückgekehrt. Dort legt er das Standbild in dem Heiligtum nieder und trägt den Deliern auf, es nach dem thebanischen Heiligtum zu bringen.[67] Dieses liegt am Meere Chalkis gegenüber. Als Datis diesen Auftrag erteilt hatte, fuhr er ab. Die Delier aber brachten dieses Standbild nicht zurück, sondern erst nach Verlauf von zwanzig Jahren holten es die Thebaner selbst auf Grund eines Götterspruches nach Delion.

(119) Die versklavten Eretrier schleppten Datis und Artaphernes, als sie auf ihrer Fahrt in Asien gelandet waren, nach

Susa hinauf. Der Großkönig Dareios hatte, noch ehe die Eretrier in Kriegsgefangenschaft gerieten, gegen diese einen schweren Groll gehegt, da sie mit dem Unrecht zuerst begonnen hatten. Wie er sie aber vor sich geführt und in seine Hand gegeben sah, tat er ihnen kein weiteres Leid an, sondern wies ihnen Wohnsitze im kissischen Land auf seinem Gut an, das den Namen Arderikka trägt, von Susa zweihundertundzehn Stadien entfernt ist und vierzig von dem Brunnen, der dererlei Dinge in Erscheinung treten läßt: Erdpech, Salz und Öl schöpft man aus ihm auf folgende Weise: Es wird mit einem Brunnenschwengel emporgepumpt, aber anstatt des Eimers ist an ihn die Hälfte eines Schlauches gebunden. Man läßt ihn hinunter bis auf den Grund, zieht ihn wieder herauf und gießt ihn dann in einen Behälter aus. Aus diesem wird die Flüssigkeit in einen anderen Behälter umgegossen, wo sie sich in ihre drei Bestandteile spaltet.[68] Das Erdpech und das Salz wird sofort fest, das Öl aber lassen sie in Gefäße fließen. Die Perser nennen es Radinake. Es ist schwarz und hat einen strengen Geruch. Dort also wies den Eretriern der Großkönig Dareios Wohnsitze an. Sie haben bis auf meine Zeit diese Gegend bewohnt und ihre alte Sprache bewahrt.

(120) So ging es also mit den Eretriern. Von den Lakedaimoniern aber kamen zweitausend Mann nach Athen, jedoch erst nach dem Vollmond. So sehr hatten sie sich beeilt, noch zur rechten Zeit einzutreffen, daß sie in drei Tagen von Sparta in Attika eintrafen. Da sie aber zu der Schlacht zu spät kamen, begehrten sie wenigstens, die Meder sich anzuschauen. Sie gingen daher nach Marathon und beschauten sie. Darauf lobten sie die Athener und ihr Werk und zogen wieder heim.

Verteidigung der Alkmaioniden gegen den Verdacht des Verrates

(121) Es ist für mich verwunderlich, und ich kann der Geschichte keinen Glauben beimessen, daß die Alkmaioniden je einmal auf Grund einer Verabredung den Persern einen Schild gezeigt haben sollten und dabei von dem Wunsch geleitet worden wären, daß die Athener in der Gewalt der Barbaren und des Hippias seien. Sie waren doch mehr oder mindestens gleich wie Kallias[69], der Sohn des Phainippos und der Vater des Hipponikos, offensichtliche Tyrannenhasser. Kallias war ja der einzige von allen Athenern, der es wagte, als Peisistratos aus Athen vertrieben wurde, dessen öffentlich zum Verkauf ausgerufene Besitztümer zu kaufen, und auch sonst betätigte er sich überall als sein grimmigster Feind...

(123) Und die Alkmaioniden waren in gleicher Weise oder um nichts weniger Tyrannenhasser. Es ist also für mich verwunderlich, und ich betrachte die Verleumdung als nicht zulässig, daß sie einen Schild gezeigt hätten, sie, die doch die ganze Zeit von den Tyrannen vertrieben in der Verbannung lebten und auf deren Betreiben die Peisistratiden ihre Tyrannis aufgeben mußten. Und so waren sie wenigstens nach meiner Meinung viel eher diejenigen, die Athen befreit haben als Harmodios und Aristogeiton. Denn diese erbitterten durch die Ermordung des Hipparchos die übrigen Peisistratiden und machten keineswegs der Herrschaft der übrigen Tyrannen ein Ende. Die Alkmaioniden aber haben offensichtlich Athen befreit, wenn anders in Wirklichkeit diese die Pythia beredet haben, den Lakedaimoniern den Auftrag zur Befreiung Athens anzukündigen, wie ich oben dargelegt habe.

(124) Aber vielleicht haben sie, irgendwie erbittert über das athenische Volk, ihr Vaterland verraten! Es gab wahrlich unter den Athenern keine angeseheneren Männer als sie und auch keine, die höher in Ehren standen. So führt auch infolgedessen die Überlegung nicht zu der Annahme, daß sie

in einer solchen Absicht den Schild gezeigt hätten. Denn ein Schild wurde gezeigt. In diesem Punkt gibt es keine Ausflüchte. Denn es ist geschehen. Wer aber derjenige war, der ihn gezeigt hat, darüber kann ich nichts weiter sagen.

Die Geschichte des Alkmaionidengeschlechtes

(125) Die Alkmaioniden standen schon von alters her in Athen in glänzendem Ansehen. Aber seit Alkmaion und wiederum seit Megakles waren sie besonders berühmt geworden. Erstens hatte Alkmaion, der Sohn des Megakles, den Lydern, die aus Sardes von Kroisos zu dem Orakel in Delphi kamen, Beistand geleistet und sich ihrer bereitwillig angenommen, und Kroisos hatte ihn auf die Nachricht von dem freundlichen Entgegenkommen gegenüber den Lydern, die zu dem Orakel gegangen waren, nach Sardes bestellt und ihn mit allem Geld beschenkt, das er an seinem Körper auf einmal forttragen könne. Alkmaion aber gab dem Geschenk, das so weitgehend war, dadurch noch ein größeres Gewicht, daß er sich mit einem weiten Chiton bekleidete, an dem er einen weiten Bausch übrigließ, die weitesten Stiefel anzog, die er finden konnte, und so in die Schatzkammer ging, in die sie ihn führten. Dort fiel er über einen Haufen Goldstaub her und stopfte sich zuerst in die Stiefel an den Waden so viel Gold, wie in die Stiefel hineinging; dann füllte er den ganzen Kleiderbausch mit Gold, bestreute überall seine Haupthaare mit Goldstaub, nahm weiteren Goldstaub in den Mund und verließ so die Schatzkammer. Nur mit großer Mühe schleppte er seine Stiefel mit, wobei er allem anderen ähnlicher sah als einem Menschen. Sein Mund war vollgestopft, und überall war er aufgequollen. Wie ihn Kroisos sah, mußte er lachen. Er schenkte ihm dies alles und fügte noch weiteres in einer nicht geringeren Menge hinzu.
(126) So gelangte dieses Haus zu Reichtum. Dadurch konnte sich dieser Alkmaion ein Viergespann halten, mit dem er einen olympischen Sieg errang. Hernach in der zweiten,

darauf folgenden Generation erhob Kleisthenes, der Tyrann von Sikyon, das Geschlecht zu einer noch viel ruhmvolleren Stellung unter den Hellenen, als es früher eingenommen hatte. Dem Kleisthenes, dem Sohn des Aristonymos, des Sohnes des Myron, des Sohnes des Andreus, wurde eine Tochter geboren, namens Agariste. Für diese wollte er unter allen Hellenen den tüchtigsten Mann aussuchen und diesem zur Frau geben. Als nun die olympischen Spiele stattfanden und an ihnen Kleisthenes mit seinem Viergespann siegte, ließ er verkündigen, wer unter den Hellenen sich für würdig halte, der Schwiegersohn des Kleisthenes zu werden, solle am sechzigsten Tage oder auch früher nach Sikyon kommen. Er habe die Absicht, innerhalb Jahresfrist, beginnend mit dem sechzigsten Tage, die Hochzeit festzusetzen. Da kamen alle Hellenen, die auf ihre eigene Person und auf ihr Geschlecht sich etwas einbildeten, in der Rolle des Freiers, und Kleisthenes errichtete für sie eben zu diesem Zweck eine Rennbahn und einen Ringplatz.

(127) Von Italien kam also Smindyrides aus Sybaris, der Sohn des Hippokrates, der unter allen durch die Entfaltung üppiger Lebenshaltung sich hervortat (Sybaris stand damals in seiner höchsten Blüte),[70] und aus Siris[71] kam Damasos, der Sohn des Amyris, der der Weise genannt wird. Diese kamen von Italien. Von dem ionischen Meerbusen[72] kam Amphimnestos, der Sohn des Epistrophos, der aus Epidamnos stammte. Dieser kam von dem ionischen Meerbusen. Von Aitolien kam Males, der Bruder des Titormos, der alle Hellenen an Kraft übertraf und sich in die entlegensten Gegenden des Aiolischen Landes vor den Menschen geflüchtet hatte. Von der Peloponnes kam Leokades, der Sohn des Pheidon, des Tyrannen von Argos, jenes Pheidon, der den Peloponnesiern die Maße gegeben[73] und sich bekanntlich am gewalttätigsten von allen Hellenen benommen hat, indem er die Kampfrichter der Eleier absetzte und eigenmächtig den Wettkampf in Olympia ordnete. Leokades war also der Sohn dieses Pheidon. Ferner kam Amiantos, der Sohn des Lykurgos, ein Arkadier[74] aus Trapezus[75], und

der Azaner Laphanes aus der Stadt Paios, der Sohn des Euphorion, der, wie man in Arkadien erzählt, die Dioskuren in seinem Hause bewirtet hat und seitdem jedermann als Gast bei sich aufnahm, und aus Elis Onomastos, der Sohn des Agaios. Diese also kamen aus der Peloponnes selbst. Aus Athen kamen Megakles, der Sohn jenes Alkmaion, der zu Kroisos gegangen war, und weiterhin Hippokleides, der Sohn des Teisandros, der sich durch Reichtum und Schönheit unter den Athenern auszeichnete. Von dem in jener Zeit in Blüte stehenden Eretria kam Lysanias. Er war der einzige, der von Euboia kam. Von Thessalien kam Diaktorides aus dem Geschlecht der Skopaden, der aus Krannon[76] stammte, und von den Molossern[77] Alkon.

(128) So viele Freier wurden es. Als sie an dem festgesetzten Tage ankamen, erkundigte sich Kleisthenes zuerst nach ihren Heimatstädten und nach der Abstammung jedes einzelnen. Darauf hielt er sie ein Jahr lang hin und stellte ihre Mannhaftigkeit, ihre Wesensart, ihre Bildung und ihr Benehmen auf die Probe. Er ging zu jedem einzeln, unterhielt sich mit ihm und tat das gleiche mit allen zusammen. Er geleitete alle, die jüngeren Alters waren, zu den Sportplätzen und in erster Linie stellte er sie bei dem Gelage auf die Probe. Solange er sie hinhielt, machte er alle möglichen Veranstaltungen und bewirtete sie zugleich in großzügiger Weise. Am meisten von den Freiern gefielen ihm ja wohl die aus Athen gekommenen, und von diesen wiederum wurde besonders Hippokleides, der Sohn des Teisandros, wegen seiner männlichen Tüchtigkeit bevorzugt, und auch deshalb, weil er durch seine Ahnen mit den Kypseliden in Korinth verwandt war.

(129) Als aber der für das hochzeitliche Festmahl bestimmte Tag erschien, an dem Kleisthenes selbst sich erklären sollte, wen er aus der gesamten Zahl auswähle, opferte er hundert Rinder und lud die Freier selbst sowie sämtliche Sikyonier zu dem Festschmaus ein. Als sie mit der Mahlzeit fertig waren, veranstalteten die Freier einen Wettstreit in der Musik und mit sonstigen Vorträgen, die vor dem Publikum

üblich sind. Im Verlauf des Trinkgelages forderte Hippokleides, der die anderen stark zu fesseln wußte, den Flötenspieler auf, ihm eine Tanzweise vorzuspielen. Der Flötenspieler tat dies, und Hippokleides führte einen Tanz vor. Und als dieser vermutlich an seinem eigenen Tanze Gefallen fand, da kam dem Kleisthenes, der dies mit ansah, die ganze Vorführung bedenklich vor. Darauf hielt Hippokleides eine Weile inne und forderte auf, ihm einen Tisch hereinzubringen. Als der Tisch hereinkam, tanzte er auf ihm zuerst lakonische Figuren, hernach andere attischer Art, endlich stemmte er seinen Kopf auf den Tisch und gestikulierte mit den Beinen, als ob sie die Hände wären.[78] Kleisthenes fand bei der ersten und der zweiten Tanzvorführung einen heftigen Widerwillen dagegen, daß Hippokleides immer noch wegen seiner schamlosen Tanzkunst sein Schwiegersohn werden solle, aber er hielt an sich, da er nicht gegen ihn losbrechen wollte. Wie er ihn aber mit den Füßen gestikulieren sah, konnte er nicht mehr an sich halten und sagte: »Sohn des Teisandros! Du hast die Hochzeit vertanzt.« Hippokleides griff das Wort auf und sagte: »Das macht einem Hippokleides keine Sorge.« Das ist der Ursprung dieses Sprichwortes.

(130) Kleisthenes gebot Schweigen und sagte zu der Versammlung: »Ihr Männer, die ihr Freier meiner Tochter seid, ich lobe euch alle und würde euch allen, wenn es mir möglich wäre, einen Gefallen erweisen, indem ich weder einen von euch als Auserwählten erkläre noch die übrigen zurückweise. Aber es ist ja nicht möglich, wo ich nur um *eine* Tochter Überlegungen anstelle, allen zu Gefallen zu handeln. Darum will ich jedem von euch, dem diese Ehe abgeschlagen wird, ein Talent Silber zum Geschenk machen, weil er mich der Ehre gewürdigt hat, um eine Tochter aus meinem Hause zu freien, und deshalb von zu Hause abwesend gewesen ist, dem Megakles aber, dem Sohn des Alkmaion, verlobe ich meine Tochter Agariste nach den Gebräuchen der Athener.« Als Megakles sich mit der Verlo-

bung einverstanden erklärte, war die Hochzeit eine beschlossene Sache.

(131) So ging es mit der Freierwahl zu, und auf solche Weise verbreitete sich der Ruhm der Alkmaioniden durch ganz Griechenland. Aus dieser Ehegemeinschaft stammt Kleisthenes, der die Phyleneinteilung vornahm und die Volksherrschaft bei den Athenern einrichtete. Er hatte seinen Namen von dem Großvater mütterlicherseits, dem Sikyonier. Dieser wird also dem Megakles geboren und auch Hippokrates. Die Kinder des Hippokrates hießen ebenfalls Megakles und Agariste, die ihren Namen von Agariste, der Tochter des Kleisthenes, hatte. Sie hatte sich mit Xanthippos, dem Sohn des Ariphron, verheiratet, und als sie schwanger war, hatte sie im Schlaf ein Gesicht, und es kam ihr so vor, als gebäre sie einen Löwen. Und nach wenigen Tagen gebar sie dem Xanthippos den Perikles.

Zug des Miltiades gegen Paros und sein Tod

(132) Nach der Niederlage, die die Perser bei Marathon erlitten, wuchs das Ansehen des Miltiades, der schon vorher bei den Athenern in gutem Rufe stand, noch mehr. Er forderte von den Athenern siebzig Schiffe, ein Heer und Geldmittel, ohne ihnen anzukündigen, gegen welches Land er zu Felde ziehen wolle. Vielmehr erklärte er ihnen lediglich, er werde sie reich machen, sofern sie ihm folgen. Er werde sie nämlich gegen ein solches Land führen, von dem sie mühelos Gold in reichlicher Fülle mitnehmen könnten. Mit einer solchen Begründung forderte er die Schiffe, und die Athener stellten ihm diese, hochgestimmt über diese Worte, zur Verfügung.

(133) Miltiades übernahm das Heer und fuhr gegen Paros unter dem Vorwand, die Parier hätten angefangen, indem sie zuerst mit einem Dreiruderer zusammen mit den Persern nach Marathon zu Felde gezogen seien. Diese Behauptung benützte er also als Vorwand. Aber in Wirklichkeit hegte er

auch einen Groll gegen die Perser wegen des Lysagoras, des Sohnes des Teisias, der von Geburt ein Parier war und ihn bei dem Perser Hydarnes verklagt hatte. Als Miltiades am Ziel seiner Fahrt angekommen war, belagerte er mit seinem Heer die Parier, die innerhalb der Mauern eingeschlossen waren, und schickte einen Herold hinein. Er forderte hundert Talente mit der Ankündigung, er werde, wenn man sie ihm nicht bezahle, sein Heer nicht eher abziehen, als bis er ihre Stadt erobert habe. Die Parier aber dachten auch nicht entfernt daran, dem Miltiades irgend etwas zu geben, vielmehr trafen sie Maßnahmen, um die Stadt zu retten, wobei sie, abgesehen von ihren sonstigen Überlegungen, den Teil der Mauer, der jeweils eine besonders angreifbare Stelle bot, in der Nacht auf die doppelte Höhe der ursprünglichen brachten.

(134) So weit stimmen nun die Erzählungen aller Hellenen überein. Von hier an aber bringen die Parier ihrerseits folgende eigene Lesart: Zu Miltiades, der nicht wußte, was er tun solle, sei eine kriegsgefangene Frau gekommen und habe mit ihm ein Gespräch geführt. Sie sei aus Paros gebürtig gewesen, habe den Namen Timo gehabt und sei eine Unterpriesterin der chthonischen Göttinnen[80] gewesen. Sie sei vor Miltiades getreten und habe ihm geraten, wenn ihm so viel an der Eroberung von Paros liege, solle er das tun, was sie ihm ans Herz lege. Und daraufhin habe sie ihm ihren Rat gegeben. Miltiades aber sei zu dem Hügel gegangen, der vor der Stadt lag, und sei über den Zaun des Tempelbezirkes der Demeter Thesmophoros gesprungen, da er das Tor nicht öffnen konnte. Dann sei er zu dem Tempelhaus gegangen, um drinnen irgend etwas zu tun, ob er nun einen von den Gegenständen, die nicht bewegt werden dürfen,[81] von seinem Platze nehmen oder sonst eine Handlung vornehmen wollte. Er sei an die Türe gekommen. Da habe ihn sofort ein Schauder überlaufen und er sei denselben Weg zurückgeeilt, habe die Umzäunung übersprungen und sich dabei das Bein verrenkt. Andere behaupten, er habe sich das Knie verletzt.

(135) Miltiades fuhr nun in krankem Zustand heimwärts und brachte den Athenern weder Geld mit, noch hatte er Paros hinzugewonnen, das er sechsundzwanzig Tage belagert und wobei er die Insel verwüstet hatte. Als aber die Parier erfuhren, daß Timo, die Unterpriesterin der Göttinen, sich dem Miltiades mit ihren Weisungen zur Verfügung gestellt hatte, wollten sie diese dafür bestrafen und schickten Orakelbefrager nach Delphi, als sie Ruhe vor der Belagerung hatten. Diese sollten dort anfragen, ob sie die Unterpriesterin der Göttinnen hinrichten sollten, weil diese den Feinden Weisung gegeben habe, wie die Vaterstadt eingenommen würde, und weil sie dem Miltiades die heiligen Gegenstände gezeigt habe, die gegenüber einer männlichen Person geheimzuhalten seien. Aber die Pythia lehnte eine Bestrafung ab, indem sie erklärte, nicht Timo treffe die Schuld an diesen Vorgängen, vielmehr habe Miltiades ein schlimmes Ende finden müssen, und deshalb sei sie für ihn als diejenige in Erscheinung getreten, die ihm den Weg ins Unglück gewiesen habe. Dies weissagte also die Pythia den Pariern.
(136) Als aber Miltiades von Paros heimgekehrt war, ging bei den Athenern viel übles Gerede über ihn um, wobei besonders Xanthippos, der Sohn des Ariphron, sich betätigte, der ihn vor dem Volke auf Tod und Leben anklagte und ihn wegen des Betrugs an den Athenern belangte. Miltiades selbst erschien nicht vor Gericht, um sich zu rechtfertigen (er war dazu nicht in der Lage, da sein Schenkel brandig wurde). Während er selbst zu Bett lag, übernahmen seine Freunde die Verteidigung. Sie erinnerten eindringlich an die Schlacht bei Marathon und an die Eroberung von Lemnos, das er nach seiner Einnahme den Athenern übergeben und womit er Rache an den Pelasgern genommen hatte. Das Volk stellte sich insoweit auf seine Seite, als es auf die Todesstrafe verzichtete, aber es bestrafte ihn wegen seines ungerechten Verhaltens mit fünfzig Talenten. Hernach, als sein Schenkel brandig wurde und in Fäulnis überging, starb er. Die fünfzig Talente bezahlte sein Sohn Kimon.

Rückblick auf die Vertreibung der Pelasger aus Attika, deren Einwanderung in Lemnos und ihre Unterwerfung durch die Athener

(137) Lemnos nahm Miltiades, der Sohn des Kimon, auf folgende Weise in Besitz: Als die Pelasger[82] aus Attika von den Athenern vertrieben wurden – ob dies nun gerechterweise oder ungerechterweise geschehen ist, kann ich nicht entscheiden. Ich kann nur das berichten, was erzählt wird, nämlich, daß Hekataios, der Sohn des Hegesandros, in seinen Geschichten von Ungerechtigkeit gesprochen hat. Als nämlich die Athener das Land, das sie ihnen am Fuße des Hymettos zur Besiedlung als Lohn für die einst um die Burg gezogene Mauer gegeben hatten, wohl angebaut gesehen hätten, während es früher schlecht und wertlos gewesen sei, da hätten sie in einer Anwandlung von neidischer Begierde nach dem Land die Pelasger vertrieben, ohne irgendeinen sonstigen Grund vorzuschützen. Wie aber die Athener ihrerseits behaupten, sei die Vertreibung durch sie zu Recht erfolgt. Denn die am Fuße des Hymettos wohnenden Pelasger hätten sich von diesem Ausgangspunkt folgende Übergriffe zuschulden kommen lassen: es seien nämlich die Töchter der Athener immer zum Wasserholen zu der Enneakrunos-Quelle[83] gegangen (zu dieser Zeit hätten sie, wie auch die übrigen Hellenen, noch keine Dienstleute gehabt). Sooft aber diese Töchter kamen, hätten ihnen die Pelasger in ihrem Übermut und in ihrer Geringschätzung Gewalt angetan. Und mit diesem Tun hätten sie sich freilich nicht begnügt, sondern zuletzt hätten sie sogar einen Überfall geplant und seien dabei auf frischer Tat ertappt worden. Sie selbst aber hätten sich als viel bessere Männer erwiesen als jene; denn trotz der Möglichkeit, die bei ihrem Anschlag ertappten Pelasger umzubringen, hätten sie sich nicht dazu entschlossen, sondern diesen geboten, das Land zu verlassen. So seien denn diese ausgewandert und hätten andere Gebiete besetzt, darunter auch Lemnos. Jenes also erzählte Hekataios, dieses berichten die Athener.

(138) Diese Pelasger aber, die damals Lemnos bewohnten und sich an den Athenern rächen wollten, kannten sich unter den athenischen Festen gut aus. Sie verschafften sich Fünfzigruderer und lauerten den Frauen der Athener auf, die in Brauron der Artemis[84] ein Fest feierten. Dort raubten sie eine große Zahl von ihnen und fuhren mit ihnen fort, brachten sie nach Lemnos und hielten sie als Kebsweiber. Als aber deren Kinderzahl immer mehr wuchs, unterrichteten sie ihre Söhne in der attischen Sprache und lehrten sie die Gebräuche der Athener. Ihre Söhne lehnten den Verkehr mit den Söhnen von pelasgischen Müttern ab, und wenn einer von ihnen von einem pelasgischen Knaben geschlagen wurde, kamen alle zu Hilfe und standen füreinander ein. Ja, die Knaben beanspruchten sogar, über die pelasgischen Knaben zu gebieten, und waren weit überlegen. Als dies die Pelasger merkten, besprachen sie sich miteinander. Und bei ihrer Beratung beschlich sie erhebliche Sorge, wenn die Knaben ja nun entschlossen seien, sich gegen die Söhne der rechtmäßigen Gattinnen beizustehen und schon jetzt versuchten, über diese zu gebieten, was sie dann erst tun würden, wenn sie zum Manne herangewachsen seien. Da faßten sie den Beschluß, die Söhne der attischen Frauen umzubringen. Sie führen diesen Beschluß aus und bringen dazu sogar die Mütter um. Von dieser Tat und von der vorausgehenden – die Frauen hatten mitsamt Toas[85] ihre Männer umgebracht – leitet sich in Hellas der Brauch ab, alle schrecklichen Taten »lemnische« zu nennen.

(139) Als die Pelasger ihre eigenen Söhne und ihre Frauen umgebracht hatten, trug die Erde keine Frucht mehr, und auch bei ihren Frauen wie bei ihren Herden entsprach der Nachwuchs nicht mehr dem früheren. Sie litten unter Hunger und Kinderlosigkeit und schickten daher nach Delphi, um Erlösung von ihrem derzeitigen Unglück zu erbitten. Die Pythia wies sie an, den Athenern die Buße zu leisten, die diese für angemessen hielten. Und so kamen denn die Pelasger nach Athen und erklärten ihre Bereitwilligkeit, für das gesamte Unrecht Buße zu leisten. Die Athener schlugen in

dem Prytaneion das schönste Ruhebett auf, über das sie verfügten, stellten daneben einen Tisch, der voll besetzt war mit allerlei guten Speisen, und forderten die Pelasger auf, ihnen ihr Land in solcher Beschaffenheit zu übergeben. Die Pelasger gaben folgende Antwort: »Wenn bei Nordwind am gleichen Tag ein Schiff die Fahrt von eurem Land in das unsrige durchführt, dann wollen wir es übergeben.« Dies erklärten sie und waren sich dabei der Unmöglichkeit, dies durchzuführen, bewußt. Denn das attische Land liegt weit südlich von Lemnos.

(140) So viel über die damaligen Vorgänge. Aber gar viele Jahre nach diesen Geschehnissen, als die Chersones am Hellespont unter die Herrschaft der Athener kam,[86] legte Miltiades, der Sohn des Kimon, als die Etesien[87] sich einstellten, mit seinem Schiff die Fahrt von Elaius auf der Chersones nach Lemnos zurück und gebot den Pelasgern, die Insel zu verlassen, wobei er sie an den Orakelspruch erinnerte, von dem die Pelasger nie geglaubt hatten, er könne in Erfüllung gehen. Die Hephaistier fügten sich nun, die Myrinaier aber wollten nicht zugeben, daß die Chersones attisches Gebiet sei, und wurden so lange belagert, bis auch sie sich ergaben. Auf diese Weise also besetzten die Athener und Miltiades Lemnos.

Anmerkungen

Buch V

1 Perinthos, das spätere Herakleia, eine Kolonie von Samos, an der thrakischen Küste der Propontis gelegen, das heutige Erekli.

2 Paionische Stämme wohnten zur Zeit Herodots in einzelnen Gruppen in Thrakien und Makedonien von den illyrischen Bergen ostwärts bis zum Rhodopegebirge in den Landschaften am Strymon (Struma) und Axios (Vardar).

3 Diese Annahme Herodots ist bereits von Thukydides (2,97) bestritten worden. Wie die Inder, so lagen nach der damaligen Auffassung auch die Thraker am Rande der Oikumene. Diesen zu äußerst gelegenen Völker wurden sagenhafte Züge, auch hinsichtlich der Volkszahl, beigelegt.

4 Die Geten waren der nördlichste Zweig der thrakischen Volksgruppe, der zwischen dem rechten unteren Donauufer und dem Balkan bis zum Pontus hin wohnte.

5 Vgl. Herodot 4,93 f.

6 Die Trauser waren ein thrakischer Volksstamm, der, wie die übrigen Thraker, aus dem Balkanwall vorgedrungen ist und wahrscheinlich am Trauos, einem Flüßchen am Ostabhang des Rhodopegebirges, siedelte.

7 Die Krestonaier hatten ihre Wohnsitze zwischen Axios und Strymon an den Quellen der Echeidoros (Galliko). Ihre Stadt hieß Kreston.

8 Zu vergleichen ist die indische Sitte der Witwenverbrennung, die allerdings heute dort gesetzlich verboten ist.

9 Vermutlich waren die Sigynner ein Nomadenvolk, das aus Mittelasien (östlich des Kaspischen Meeres) nach Europa eingewandert war und sich in der ungarischen Tiefebene niedergelassen hatte.

10 Hier verwechselt Herodot bzw. seine Quelle vermutlich einen einheimischen, ähnlich lautenden Volksnamen mit dem griechischen Wort für Biene (melissa).

11 Myrkinos lag am Strymon, nördlich von dem später gegründeten Amphipolis.

12 »Tischgenosse« zu sein und betitelt zu werden, bedeutete eine ganz besondere Vertrauens- und Ehrenstellung am persischen Hofe.

13 Antandros und Lamponion waren kleine von Pelasgern am adramyttischen Meerbusen gegründete Städte.

14 Diese angeblichen Pelasger wurden 510 von den Athenern unter Miltiades vertrieben, wozu Herodot 6,140 zu vergleichen ist.

15 Hier ist eine Lücke in der handschriftlichen Überlieferung.

16 Die Tyrannis des Lygdamis (vgl. Herodot 1,61–64) war durch die Spartaner gestürzt worden. Darauf hatte sich der dortige Adel wieder der Herrschaft in der Stadt bemächtigt und diese etwa zwanzig Jahre behauptet, worauf sie wieder in die Hände der Volkspartei überging. Die vertriebenen Oligarchen hatten sich im Jahre 501 an Aristagoras und Artaphernes um Hilfe gewandt.

17 Die Gastfreundschaft des Histiaios, die zwischen ihm und den Naxiern bestand, diente ihm als Vorwand, dorthin eine Flotte zu schicken, die angeblich den Oligarchen helfen, in Wahrheit aber Naxos unterwerfen sollte.

18 Kaukasa ist sonst nicht weiter bekannt. Vermutlich war es ein Hafenplatz an der Südseite der Insel.

19 Myndos war eine dorische Küstenstadt von Karien, nordwestlich von Halikarnaß.

20 Gemeint ist das Loch (Bullauge), durch das die Ruder gesteckt werden.

21 Die Branchiden waren das Priestergeschlecht, das den Dienst in dem berühmten Heiligtum des Gottes Apollon in Didyma (in der Nähe von Milet) ausübte.

22 Myus, eine bedeutende Stadt Kariens, lag damals noch in einer kleinen Meeresbucht, in die der Maiandros mündete. Durch die Anschwemmungen des Flusses wurde es immer mehr vom Meer zurückgedrängt. Schon zur Zeit Strabons (2. Hälfte des 1. Jh.s v. Chr.) lag die Stadt dreißig Stadien von dem Meer entfernt.

23 Mylasa (Milesse), bedeutende Stadt im Innern von Karien.

24 Termera, kleinere dorische Stadt an dem Vorgebirge gleichen Namens in Karien.

25 Kyme war die bedeutendste aiolische Hafenstadt in Kleinasien, am kymaiischen Meerbusen. Dort überwinterte die geschlagene Flotte des Xerxes nach der Schlacht bei Salamis (vgl. Herodot 8,130).

26 Isonomie bedeutet die politische Gleichberechtigung aller Bürger im Staat und vor dem Gesetz.

27 Die Erfindung einer Erdkarte wird von dem Geographen Strabon dem Anaximander (um 580 v. Chr.) zugeschrieben. Nach

Anaximander und vermutlich im Anschluß an ihn entwarf Hekataios von Milet (549–486 v. Chr.) eine weitere Erdkarte. Es ist möglich, daß auf ihr die eherne Tafel des Aristagoras beruhte.

28 Die Matiener wohnten am rechten Ufer des Halys, in östlicher Richtung sich erstreckend.

29 Die Kissier waren ein den Persern nahe verwandter Stamm in der persischen Satrapie Susiana, zwischen den Flüssen Choaspes und Eulaios.

30 Diese Zahlenangabe erscheint übertrieben und ist als eine Rundzahl zu betrachten. Nach anderen Berichten ist die Zahl der stimmfähigen athenischen Vollbürger selbst in den Zeiten größter Blüte Athens nicht höher als 20 000 gewesen.

31 Doriskos, Ebene und Stadt in Thrakien; durch die Ebene fließt der Ebros (Maritza). Dort hatte Dareios bei seinem Feldzug gegen die Skythen ein Kastell angelegt.

32 Gemeint ist der nicht näher bekannte Kampf um die Lelantische Ebene bei Chalkis, um die sich in älterer Zeit Eretria und Chalkis stritten. Grund war ihr Reichtum an Kupfer, Eisen und warmen Quellen sowie ihre sonstige Fruchtbarkeit.

33 Koressos ist der Name eines Küstenortes und Hafenplatzes an dem Fuße des gleichnamigen Berges in der Nähe von Ephesos.

34 Der Kaystros entspringt auf dem Tmologebirge und fließt durch die fruchtbare Ebene zwischen Tmolos Messopis, durch die sog. Asische Wiese, und mündet bei Ephesos in das Aegaeische Meer.

35 Simonides aus Keos (556–468 v. Chr.), der Hofdichter bei verschiedenen Fürsten, der im Verlauf der Perserkriege gewissermaßen der Nationaldichter der Griechen wurde und die Taten des ganzen Volkes sowie einzelner Helden in seinen Gedichten verherrlichte. Berühmt durch seine Epigramme auf die Helden von Thermopylae, Salamis, Plataeae usw. sowie durch die Vielseitigkeit seiner Hymnen.

36 Kaunos, eine Stadt im südlichen Karien, unweit der lykischen Grenze, oberhalb des schiffbaren Kalbis.

37 Sardo, die Insel Sardinien. Sardinien erobern wollen war sprichwörtlich soviel wie eine unmögliche Versprechung geben.

38 Unter »Schlüssel von Kypros« ist das Vorgebirge an der Südseite der Insel zu verstehen, heute Kap André.

39 Der Karische Marsyas, der heutige Tschin-Tschai, war ein Nebenfluß des Maiandros; er ergoß sich bei der Stadt Tralles in den Maiandros. Die »Weißen Säulen« waren der Versammlungsplatz des Karischen Bundes.

40 Kindye, karische Stadt im Nordosten von Halikarnaß.

41 Syennesis ist nicht als Eigenname, sondern als Herrschertitel aufzufassen (vgl. Herodot 1,74; Xenophon, *Anabasis* 1,2,12).

42 Labranda, ein kleiner Gebirgsort in Karien, bei dem sich der berühmte Tempel des Zeus Stratios, des karischen Nationalgottes, befand, der mit einem Speer in der Linken und einem Beil in der Rechten abgebildet wurde.

43 Pedason war eine kleine Stadt im nordöstlichen Karien. Die Pedasonstraße führte von dem Tal des Marsyas über das Gebirge zur Bucht von Kos.

44 Mylasa, Stadt in Karien, nordöstlich von Halikarnaß, das heutige Meles.

45 Die Stadt Kios lag im südwestlichen Bithynien, an der Propontis, das heutige türkische Gemlik.

46 Gergis, Stadt in der Troas am Skamander, östlich vom Ida. Nach der Zerstörung von Troia sollen die Reste der Bevölkerung die Stadt gegründet haben.

47 Klazomenai, Stadt am Hermaiischen Meerbusen, westlich von Smyrna, Geburtsort des Philosophen Anaxagoras.

48 Kyme, bedeutende Hafenstadt in der kleinasiatischen Aiolis, südöstlich von Lesbos.

49 Die Edoner waren ein thrakischer Volksstamm am unteren Strymon, wo die Athener die Stadt Amphipolis gründeten.

50 Leros, eine kleine Insel, zu den Sporaden gehörig, vor der karischen Küste, heute Lero.

Buch VI

1 Atarneus, fruchbarer Küstenstrich in Mysien, gegenüber von Lesbos, mit gleichnamiger Stadt bei dem Berge Kane.

2 In dem Panionion auf der Halbinsel Chalkidike tagte der Bundesrat, der aus den Vertretern der zwölf ionischen Städte bestand (vgl. Herodot 1,141.144). An der Ratstagung waren nur diejenigen ionischen Städte beteiligt, die sich dem Aufstand angeschlossen hatten. Es fehlten Ephesos, Kolophon, Lebedos und Klazomenai.

3 Lade, eine kleine Insel, Milet vorgelagert. Sie ist heute durch die allmählichen Anschwemmungen des nördlich von Milet mündenden Maiandros ein Teil des Festlandes geworden.

4 Priene, ionische Stadt in Karien, nördlich von Milet, am Südabhang des Mykalegebirges. Berühmt durch die dortigen Tempelausgrabungen.

5 Myus, eine der ionischen Städte, nordöstlich von Milet.

6 Teier, die Einwohner von Teos, ionische Stadt an der Küste von Lydien, nördlich von Samos, Geburtsort des Dichters Anakreon.

7 Vgl. Herodot 5,37.

8 Baktra, die Hauptstadt der am Mittellauf des Oxos liegenden Landschaft Baktrien, das heutige Balch, galt für die damaligen Griechen als der entfernteste Ort des persischen Reiches.

9 »Unverstand« bezeichnet hier das unvernünftige Pochen auf die eigene Kraft. Herodot nimmt also hier Stellung zu dem damaligen Geschehen, indem er die Fortführung des Aufstandes für eine unüberlegte Handlung hält, die im Hinblick auf die Weichlichkeit und den Wankelmut der Ioner um so gefährlicher war (vgl. 6,12).

10 Die Schiffe fuhren gewöhnlich in einer Linie, eines hinter dem anderen aus. Sobald sie in die Nähe des Feindes kamen, machten sie allmählich eine Schwenkung, so daß sie nicht mehr hintereinander, sondern nebeneinander fuhren. Dionys ließ seine Schiffe in zwei Linien auslaufen. Sie mußten dann eine entgegengesetzte Schwenkung machen, bis sie zwei einander gegenüberstehende Linien bildeten. Nun übten sie den »Durchbruch« durch diese Linien, der bezweckte, daß das zwischen zwei gegenüberstehenden Schiffen mit höchster Ruderkraft durchfahrende Schiff diesen die Ruder abriß und sie damit manövrierunfähig machte.

11 Aiakes war seinem Vater Syloson, dem Bruder des Polykrates, als Tyrann von Samos nachgefolgt. Vgl. Herodot 3,139.149; 5,37.

12 Das Thesmophorienfest wurde insbesondere der Göttin Demeter, als der Beschützerin des Ackerbaues und des Ehestandes, gefeiert. An ihm nahmen nur Frauen teil. Herodot versuchte offenbar das an sich unverständliche Verhalten der Ephesier zu beschönigen.

13 Die persischen Männer trugen zur Zeit Herodots langes Haupt- und Barthaar.

14 Didyma war ein Tempelbezirk in dem Gebiet von Milet, in dem sich ein weltberühmtes Heiligtum des Apollo und eine Orakelstätte (Didymaion) befand. An dieser Tempelstätte besorgte das

Priestergeschlecht der Branchiden die gottesdienstlichen Geschäfte (s. Anm. 5,21).

15 Unter dem »Roten Meer« ist hier in engerer Begrenzung der persische Meerbusen zu verstehen.

16 Siehe zu 5,66.

17 Laos lag an der Westküste von Lukanien an dem gleichnamigen Flusse. In der Nähe befand sich die Stadt Skidros. Beide Städte waren für die Sybariten nach der Zerstörung ihrer Stadt durch die Krotoniaten (510 v. Chr.) Zufluchtsort geworden.

18 Phrynichos (um 490), Dichter von Tragödien, der seine Stoffe der Zeitgeschichte entnahm. Bekannt sind von ihm zwei Tragödien: der *Fall von Milet* und *Die Phönikerinnen*, eine Tragödie, die die Vernichtung der phönikischen Flotte bei Salamis zum Gegenstand hatte. Von den Tragödien ist nichts erhalten.

19 Die Einwohner von Zankle, dem späteren Messana (Messina), waren ionischer Abstammung. Es war bereits gegen Ende des 8. Jh.s v. Chr. kolonisiert worden, und zwar von Euboia aus.

20 Das griechische Wort »Kale Akte« bedeutet »Schöne Küste«.

21 Die Epizephyrischen Lokrer wohnten an der Ostküste des südlichen Kalabrien. Ihre Stadt lag bei dem Vorgebirge Zephyrion.

22 Rhegion (Reggio), an der Straße von Messina gegenüber dem sizilischen Zankle.

23 Inykos war eine kleine, sonst nicht weiter bekannte Stadt Siziliens.

24 Himera, Stadt an der Nordküste von Sizilien, bekannt durch die Schlacht, in der der karthagische Feldherr Hamilkar von dem Tyrannen Theron von Agrigent und von dessen Schwiegersohn Gelon von Syrakus vernichtend geschlagen wurde.

25 Thasos, eine Insel im nördlichen Teil des ägäischen Meeres.

26 Der Kaikos durchfließt die nach ihm genannte fruchtbare Ebene in Mvsien (Ak-Su).

27 Eine Parasange betrug in der damaligen Zeit rund 5,5 Kilometer.

28 Siehe Anm. 75. Die Insel (Tasso) war berühmt wegen ihres Reichtums an Wein, Marmor und Gold. Sie liegt vor der Südküste Thrakiens.

29 Akanthos, am strymonischen Meerbusen in der Nähe des von Xerxes angelegten Athoskanals.

30 Es sind wohl Haifische gemeint.

31 Die Bryger sind mit den asiatischen Phrygern stammverwandt und vermutlich in vorhistorischer Zeit aus Kleinasien in Thrakien und Makedonien eingewandert.

32 Das alle fünf Jahre stattfindende Fest (Penteteris) wurde zu Ehren des Gottes Poseidon am Vorgebirge Sunion mit Wettkämpfen zur See gefeiert.
33 Es handelt sich um das Staatsschiff (griech. Theoris), das die offiziellen Festgesandten der einzelnen Städte zu dem Fest geleitete.
34 Durch ihre Handlungsweise hatten die Aigineten gegen das Asylrecht verstoßen und damit sich eines Vergehens gegen die Gottheit schuldig gemacht.
35 Der griechische Fünfkampf (Pentathlon) bestand aus Wettlauf, Springen, Speerwurf, Diskuswurf und Ringen.
36 Dekeleia war ein Ort und ein Demos in Attika, etwa 25 Kilometer nordöstlich von Athen. Es war Grenzfestung gegen Boiotien.
37 Aleische Ebene hieß der fruchtbare, getreidereiche Landstrich im östlichen Kilikien zwischen den Flüssen Pyramos und Saros.
38 Die Insel Ikaros (Nikaria) lag westlich von Samos und soll von Ikaros, dem Sohn des Daidalos, ihren Namen erhalten haben, wie auch der Ikarios Pontos, der südliche Teil des Aegaeischen Meeres.
39 Vgl. Herodot 5,33 f.
40 Tenos (Tinos) ist eine Kykladeninsel zwischen Andros und Delos.
41 Rhenaia, eine kleine Nachbarinsel von Delos, auf der die Einwohner von Delos ihre Toten begruben, um nicht ihre eigene Insel durch die Gräber zu verunreinigen.
42 Delos galt als Geburtsstätte des Apollon und der Artemis.
43 Gemeint ist Räucherwerk im Wert von 300 Talenten, wobei die sehr hohe Summe nicht buchstäblich zu nehmen ist.
44 Wie uns der Geschichtsschreiber Thukydides (2,8) berichtet, fand kurz vor dem Ausbruch des Peloponnesischen Krieges ein weiteres Erdbeben statt, von dem also Herodot keine Kunde gehabt haben kann. Vermutlich lebte Herodot um diese Zeit in Thurioi in Unteritalien.
45 Karystos (Karysto) lag an der Südspitze von Euboia.
46 Die »Rossezüchter« waren die adelige Ritterschaft, deren Grundbesitz enteignet und attischen Kleruchen, die jedoch ihr athenisches Bürgerrecht behielten, durchs Los zugewiesen war.
47 Oropos lag nahe der Mündung des Flusses Asopos auf dem attisch-boiotischen Grenzgebiet, gegenüber von Eretria.
48 Die Zahl von zehn attischen Feldherren entsprach den zehn von Kleisthenes begründeten Phylen, in die das attische Land einge-

teilt war. An der Spitze des Gesamtheeres stand der Polemarchos.

49 Das Prytaneion auf der Nordseite der Akropolis war das Amtshaus und der Versammlungsort der Prytanen in Athen. Es war der Göttin des Herdes, Hestia, geweiht und bildete den staatlichen Mittelpunkt. In ihm wurden die Prytanen, die Mitglieder des Ratsausschusses, die der Reihe nach von jeder Phyle den Vorsitz im Ratsausschuß wie in der Volksversammlung hatten und die laufenden Geschäfte führten, sowie die Männer, die sich um den Staat besonders verdient gemacht hatten (Sieger in den Wettkämpfen, siegreiche Feldherren usw.) auf Staatskosten gespeist.

50 Das Partheniongebirge (Partheni) bildete die Grenze zwischen Argolis und Arkadien. Vom Argos führte ein Fußpfad quer über das Gebirge nach der Hochebene von Tegea. Auf diesem Wege ist der Gott Pan angeblich dem Boten erschienen.

51 Der Gott Pan ist ein Flur- und Hirtengott, der hauptsächlich in Arkadien Verehrung genoß. Das Heiligtum des Pan, wahrscheinlich am nordwestlichen Abhang der Akropolis gelegen, war die berühmte Pansgrotte.

52 Die Spartaner feierten damals vom 7. bis 15. September das Karneenfest, das dem Apollon geweiht war und neun Tage dauerte. Vor Schluß des Festes, d. h. vor Eintritt des Vollmondes, war es verboten, ins Feld zu ziehen. So konnten sie erst zur Zeit des Vollmondes, frühestens am 15. September, ausziehen und kamen drei Tage nach der Schlacht in Attika an. Die Schlacht hatte also am 12. September 490 stattgefunden.

53 Styra war eine Küstenstadt im südwestlichen Euboia (Stura). Zu ihr gehörte die vorgelagerte kleine Insel Aigileia.

54 Der Asopos bildete die Grenze zwischen dem südlichen Boiotien und dem nordöstlichen Attika. Hysiai war ein Flecken in Boiotien östlich von Plataiai. Die Plataier hatten sich nicht dem unter der Führung Thebens stehenden boiotischen Bund angeschlossen.

55 Die Wahl der neun Archonten sowie der meisten anderen Beamten erfolgte durch das sog. Bohnenlos, das durch Kleisthenes eingeführt worden war. Zu diesen Archonten gehörte der Polemarchos. In ihren Händen lag damals die Regierungsgewalt. Neben dem Polemarchos gab es den Archon Eponymos, den Archon Basileus und die sechs Thesmotheten. Der Polemarchos hatte, nachdem er ursprünglich an der Spitze des Gesamtheeres gestanden war und später, wie hier bei Herodot, nur mehr mit

Stimmrecht neben den zehn Strategen stand, zuletzt nur noch die zivile Funktion der Rechtsprechung in Streitigkeiten zwischen Bürgern und Nichtbürgern (s. Anm. 48).

56 Der Polemarchos Kallimachos übte also hier noch das alte königliche Ehrenrecht der Führung des rechten Flügels aus.

57 Die Athener stellten sich nach der durch das Los festgestellten Reihenfolge der Phylen von dem rechten zum linken Flügel hin auf, d. h. nach der Rangordnung, die jedes Jahr neu festgesetzt wurde. In dieser Reihenfolge verwaltete abwechselnd jede der zehn Abteilungen des »Rates der Fünfhundert« den zehnten Teil des Jahres die laufenden Staatsgeschäfte. Der Zeitraum der Amtsdauer der einzelnen Abteilungen hieß Prytanie, die Mitglieder der Abteilungen hießen Prytanen.

58 Es handelt sich hier um das Fest der »Großen Panathenäen«, das im dritten Jahr jeder Olympiade zu Ehren der Stadtgöttin Athene um die Mitte August mit Opfern, Wettkämpfen und einem großen Festzug gefeiert wurde.

59 Da das Heer der Athener dem persischen zahlenmäßig weit unterlegen war, mußte es eine gleich lange Front entgegenstellen, um nicht auf den beiden Flügeln umgangen zu werden. Damit konnte das Zentrum, in dem die Phylen Leontis und Antiochis unter ihren Feldherren Themistokles und Aristeides standen, nur wenige Glieder tief aufgestellt werden, während die beiden Flügel tiefer gegliedert werden konnten, die zugleich den Hauptangriff durchführen sollten.

60 Eine Stadie betrug in der damaligen Zeit etwa 185 Meter.

61 Die Saken waren ein skythisches Nomadenvolk, das im Nordosten von Baktriane am oberen Iaxartes in den heutigen Kirgisensteppen lebte. Sie galten als ausgezeichnete Reiter und Bogenschützen.

62 Kynegeiros war ein Bruder des Tragödiendichters Aeschylus, der mit ihm an der Schlacht teilnahm. Zur Erinnerung an die Schlacht bei Marathon wurde in der sog. Stoa Poikile, einer Halle an der Nordseite des athenischen Marktes, die mit mehreren Wandgemälden geschmückt war, ein solches von der Hand des Malers Polygnot aufgestellt, auf dem besonders die Gestalten des Kallimachos und des Miltiades in Erscheinung traten.

63 Es handelt sich um Verzierungen, meist in der Form von Götter- und Heroenbildern, die an dem gebogenen Heck des Schiffes angebracht wurden. Sie gaben gewöhnlich dem Schiff den Namen oder enthielten auch die Herkunftsbezeichnung.

64 Vermutlich wurde ein polierter, glänzender Schild auf einem hohen Punkte Attikas emporgehoben.

65 Kynosarges hieß ein Hügel im Osten von Athen am Fuße des Lykabettos. Neben anderen Heiligtümern befand sich auf ihm ein dem Herakles geweihtes Gymnasion, in dem später Anthistenes, der Begründer der kynischen Philosophenschule, lehrte. Nach der Sage sollte hier Herakles den von der Unterwelt heraufgeholten Kerberos eingeschlossen haben. Der Name bedeutet »der Ort an dem der Hund eingeschlossen ist«.

66 Mykonos ist eine der Kykladeninseln nordöstlich von Delos.

67 Datis wollte sich damit den Boiotern für ihre perserfreundliche Haltung gefällig erweisen.

68 Herodot beschreibt hier die primitive Aufbereitung von Rohöl, das in seine drei Bestandteile zerlegt wurde: Erdharz, Sand und reines Öl (Erdöl), wobei Herodot vermutlich den gewaschenen Sand mit Salz verwechselte. Arderikka war der äußerste Punkt, den Herodot auf seiner Reise erreichte.

69 Das Geschlecht des Kallias war eines der reichsten und vornehmsten in Athen. Der Vater des hier genannten Kallias, namens Phainippos, war zur Zeit der Schlacht von Marathon Archon Eponymos, d. h. der führende Archon, nach dem das Jahr seiner Amtsführung den Namen erhielt.

70 60 Jahre später, im Jahr 510 v. Chr., wurde die Stadt von den Krotoniaten vollständig zerstört.

71 Siris war eine Stadt in Lucanien (Unteritalien) an der Mündung des gleichnamigen Flusses in den Meerbusen von Tarent.

72 Der »ionische Meerbusen« ist identisch mit dem Adriatischen Meer.

73 Pheidon war einer der bedeutendsten Herrscher von Argos. Er verschaffte seiner Vaterstadt die Vorherrschaft über den ganzen Peloponnes und schuf durch die Einführung von gleichem Maß und Gewicht sowie von einem geordneten Münzsystem (dem babylonisch-äginetischen) die Grundlagen für Handel und Verkehr. Auch wird ihm die Prägung der ersten Münzen aus edlem Metall zugeschrieben.

74 Trapezus war eine Stadt am Flusse Alpheios im südlichen Arkadien in der Landschaft Parrhasia.

75 Paios gehörte zu dem aus 17 Ortschaften bestehenden Bund der Azanen, die im nordwestlichen Arkadien wohnten.

76 Krannon war eine Stadt im mittleren Thessalien, südwestlich von Larissa. In ihr residierte das Fürstengeschlecht der Skopaden.

77 Die Molosser waren ein Volksstamm im Innern von Epirus.

78 Zuerst handelte es sich um die Emmeleia, den ernsten, würdigen Tanz, wie er bei dramatischen Aufführungen üblich war. Das zweite Auftreten des Hippokleides mit den lakonischen und attischen Figuren schloß sich den derben, ausgelassenen Tänzen an, wie sie in der Komödie üblich waren und für deren Vorführung die beste Gelegenheit die festlichen Gelage bildeten. Platon unterscheidet in seinen »Gesetzen« den Tanz, der Ernst und Würde zum Ausdruck bringt, und den, der einer lasziven Haltung sich unterordnet.

79 Hier wird Herodot wohl den wirklichen Motiven und Hintergründen des Miltiades bei seinem Feldzug nicht gerecht, sondern fußt auf der späteren Anklageschrift gegen Miltiades, die ihm selbstsüchtige Motive unterschob. Der Besitz von Paros bildete für Athen einen wichtigen Stützpunkt im Aegaeischen Meer.

80 Die chthonischen, d. h. die unterirdischen, Göttinnen sind Demeter und Persephone.

81 Es galt für einen Frevel, Götterbilder von ihrer geweihten Stelle zu entfernen.

82 »Pelasger« war eine Bezeichnung des vorgriechischen Bevölkerungselementes im nördlichen Griechenland (Pelasgiotis heißt eine Landschaft in Thessalien um den Fluß Peneios) und wurde von den Griechen in immer weitergreifender Verallgemeinerung auch auf andere Reste der vorgriechischen Bevölkerung übertragen, im Sinne einer Ureinwohnerschaft von Griechenland. Nach der hier vorliegenden unklaren Darstellung und Vorstellung Herodots scheint dieser anzunehmen, daß es sich um eine Bevölkerung handelt, die erst von Athen ausgesiedelt worden ist, und zwar an den Fuß des Hymettos als Lohn für den Bau der Burgmauer, und sodann von dort vertrieben worden sei. Da die pelasgische Burgmauer in die Mykenische Zeit zurückreicht (um 1600–1200), scheint es sich hier um eine erste Auseinandersetzung der Eingewanderten mit der Urbevölkerung zu handeln, der dann später die weitere Verdrängung nach Lemnos und anderen Gebieten folgte. Der Vordersatz »Als die Pelasger ... vertrieben wurden« wird abgebrochen und parenthetisch eine ausführliche Erläuterung über die Frage, ob diese Verdrängung zu Recht oder Unrecht erfolgt sei, eingeschoben. Der begonnene Satz wird erst mit Beginn von Kap. 138 weitergeführt.

83 Die Enneakrunosquelle (»Neunröhrenquelle«), auch Kallirrhoe (»Die Schönfließende«) genannt (j. Kallirrhoi), liegt im Südosten

von Athen in der Nähe des Flusses Ilissos. Durch Peisistratos wurde sie in neun Röhren gefaßt, um ihre Benutzung zu erleichtern.

84 Brauron, Ort in Attika (Vraona), östlich von Athen, mit einem Tempel und einem alten Bild der Taurischen Artemis.

85 Nach einer anderen Version soll der König Thoas von seiner Tochter Hypsipyle, die ihn heimlich entfliehen ließ, gerettet worden sein.

86 Dies geschah im Jahr 479, ein Jahr nach der Niederlage der Perser bei Salamis.

87 Die Etesien sind die im Hochsommer auf dem Aegäischen Meere wehenden Nordostwinde. Unter Ausnützung dieses Windes fuhr Miltiades von Elaius, einer Stadt an der Südspitze der Thrakischen Chersones, nach Lemnos.

Inhalt

Fünftes Buch

Sechstes Buch

Griechische Literatur

IN RECLAMS UNIVERSAL-BIBLIOTHEK

Eine Auswahl (ohne Theatertexte)

Aristoteles, Metaphysik 7913 [6] – Nikomachische Ethik. 8586 [5] – Poetik. 2337 – Der Staat der Athener. 3010

Demosthenes, Rede über den Kranz. 914 [2]

Epiktet, Handbüchlein der Ethik. 2001

Griechische Lyrik in deutschen Übertragungen. Auswahl. 1921 [3]

Heliodor, Die äthiopischen Abenteuer von Theagenes und Charikleia. 9384 [5]

Herodot, Die Bücher der Geschichte. Auswahl. 1.–4. Buch. 2200 [2] – 5.–6. Buch. 2204 – 7.–9. Buch. 2206 [2]

Homer, Ilias. 249 [4] – Odyssee. 280 [4]

Longos, Daphnis und Chloe. 6911 [2]

Lukian, Gespräche der Götter und Meergötter, der Toten und der Hetären. 1133 [3]

Platon, Apologie und Kriton. 895 – Charmides. Zweispr. 9861 [2] – Euthyphron. Zweispr. 9897 [2] – Das Gastmahl oder Von der Liebe. 927 [2] – Gorgias oder Über die Beredsamkeit. 2046 [2] – Laches. Zweispr. 1785 [2] – Phaidon oder Von der Unsterblichkeit der Seele. 918 [2] – Phaidros oder Vom Schönen. 5789 – Der siebente Brief. 8892 – Der Staat. 8205 [8] – Theätet. Zweispr. 6338 [3]

Plotin, Ausgewählte Schriften. 9479 [4]

Plutarch, Perikles – Fabius Maximus. 2323 [2]

Polybios, Historien. 6210 [2]

Theophrast, Charaktere. Zweispr. 619 [2]

Thukydides, Der Peloponnesische Krieg. Auswahl. 1807 [5]

Xenophon, Anabasis. 1184 [3] – Erinnerungen an Sokrates. 1855 [2]

Philipp Reclam jun. Stuttgart